名古屋のトリセツ

日本経済新聞社編

日経プレミアシリーズ

はじめに

我々、日本経済新聞社名古屋支社編集部の記者の大半は、仕事で初めて名古屋に住むことになった転勤族です。赴任前後に「名古屋は暑いから」「辛い『台湾ラーメン』が有名」「こんなスポットがあってさ」といった話を聞き、名古屋生活をスタートさせます。しかし、実際にそれらの事柄に接しても、本書のように「なぜ」「そもそも」のエッセンスを加えて取材し、まとめることはほとんどありませんでした。

新聞記者の使命のひとつは、事柄をわかりやすく読者にお伝えすることにあると考えています。ただ、それはなにも難解な事件や大きな事故だけが対象ではありません。普段の生活のすぐそばにある「なんとなく」「そういえば」も、一つひとつひもといていくこと、丁寧な解説を記すことで、価値を生むと考えました。

読者の方々の「ある程度は知っていたけど、ここまでは知らなかった」「改めて体系的に知ることができた」との感想には大いに勇気づけられました。
また、「金のシャチホコが輝く名古屋城しか観光スポットがない」などと「魅力の乏しい都市」として取り上げられることのある名古屋。「そんなことはない、ナゴヤの良さや取り組みをもっと多くの人々に知ってもらいたい」との強い思いも、原点にありました。

本書のもうひとつのテーマは、データジャーナリズムを重視したことにあります。
例えば愛知県の貯蓄額が年収の2・68倍に上ることを紹介しました。全国9位の高さで「堅実さ」を示す数字であると考えます。愛知の貯蓄額そのものが全国3位と多いことを示すだけでなく、貯蓄額と年収との対比（額トップの東京都は、比率だと15位に後退）も記すことで付加価値を高めました。「なんとなく」の霧を晴らす大きなツールは取材に基づく数字にあります。

本書は日経電子版および日本経済新聞で、2019年8月から掲載した「ナゴヤのトリセツ」、2019年10月から掲載した「データで読む愛知」という大型企画ふたつを、一部加筆して収録したものです。

最後に、取材にご協力くださった多くの方々に感謝申し上げます。文中の年齢・肩書は記事掲載当時のものとさせていただきました。

2020年3月

日本経済新聞社 名古屋支社
編集部長 黒沢 裕

はじめに　3

第1章　名古屋めしの起源に迫る

豆みそ「八丁味噌」、煮込むほど深まるうま味の謎　14
4分割で味わう「ひつまぶし」、起源は器の保護!?　19
「きしめん」人気V字回復！　平打ち麺の魅力とは…　24
辛い「台湾ラーメン」が名古屋で生まれた理由　28
新幹線が育てた名菓「ういろう」、実は、中国の万能薬に由来　33

第2章 今も昔も聖地は熱い

日本初の「テレビ塔」、市民の熱意で未来のタワーに 40
信長飛躍の激戦地「桶狭間」、知名度生かし観光地へ 45
「ナゴヤ球場」、根尾効果でドラゴンズファン再び熱狂！ 49
「鶴舞公園」はみんなの聖地…ラジオ体操・コスプレ・ポケGO 53

第3章 名古屋のスゴい学校事情

公立高校「2回受験」の独自ルール 60

高校野球「私学4強」強さの背景に何があるか？ 65
外国籍児童は全国2位、教育現場のさまざまな工夫 70
「SSK」「愛愛名中」…地元大学への進学率なぜ高い？ 74

第4章 データで読む名古屋の経済力

税収1000億円増！ 名古屋は自治体の「稼ぐ力」が強い 82
「県民所得」全国2位、トップクラスの経済力 88
「若い世代」の多さが地域の活力に 93
100歳祝いに100万円！ 日本一裕福な飛島村 97

名古屋郊外、人口増で明暗　長久手10％強、春日井横ばい　102
異色のトヨタ城下町・田原市、「レクサス」だけじゃない　106
人口1千人の豊根村、65歳超6割に　介護保険で近隣連携　110

第5章　ものづくり王国の真実

実は愛知は農業王国！　キャベツ生産日本一　116
製造品出荷額41年連続トップ！「神奈川＋大阪」も上回る　121
名古屋めし、ハデ婚…独自文化が消費を支える　127
名古屋港の貨物取扱量、国内トップでも上海の3割　132

キャリア求め首都圏へ⁉ 働く女性比率ワースト3位 136
栄える「リトルマニラ」、工場支えるフィリピン籍 140

第6章 「名古屋飛ばし」はなぜ起こる⁉

宿泊客は「乗り継ぎ」中心？ 146
「トヨタ」は知っていても「アイチ」は知らない外国人 151
観光人気は高速ＰＡ、中部空港…名古屋は「車」で楽しむ 155
列島ど真ん中の存在感を高めるには… 159

第7章

名古屋の生活・暮らし

名古屋の地下鉄、「なんだか狭い」に秘められた歴史 166
貯蓄は1854万円、手堅く年収の2・68倍 170
道路面積は全国2位、インフラを支えるマイカー社会 176
大都市圏でも広い家に住みやすい 180
全国2位の救急センター数、交通事故が影 184
喫茶店の「モーニング」、なんでそんなにおまけがつくの？ 188
吹き抜ける風が「寒すぎる冬、暑すぎる夏」を運ぶ 193

第１章

名古屋めしの起源に迫る

豆みそ「八丁味噌」、煮込むほど深まるうま味の謎

みそ煮込みうどん、どて煮、みそカツ――。「名古屋めし」として知られる中部圏の食文化の中で特に目を引くのが、「八丁味噌」に代表される赤褐色の豆みそを用いた名物料理だ。なぜ、これほどまで愛されるのか。歴史をたどりつつ、「煮込むほど深まるうま味」の謎を、みそ造りのプロたちに聞いてみた。

山のような石の重しを積み、一度に6トンのみそを仕込む大きな木桶《おけ》が並ぶ蔵の中は、風味豊かな大豆の香りで満たされていた。屋号「カクキュー」で知られる合資会社「八丁味噌」（愛知県岡崎市）は、大豆と塩、水のみを原料に江戸時代初期から同じ製法で造り続ける老舗だ。

徳川家康の生まれた岡崎城から8丁（約870メートル）離れた町で初代が仕込みを始めたのが八丁味噌の発祥とされる。旧東海道と矢作《やはぎ》川の水運が交わる要所だったため原料を入手しやすく、良質な水がわき出ることもみそ造りに適していた。

蒸し暑さで発酵が進みやすい土地柄だったため、保存の利く豆みそがこの地で広がったという説もある。「硬く携行しやすいため、武士の兵糧としても好まれたようです」と同社企画室長の野村健治さん（43）は話す。

みそを入れた木桶に重しの石を積み上げて熟成させる（愛知県岡崎市のまるや八丁味噌）

広く出回る信州のみそなど米や麦の麹《こうじ》を使うみその熟成期間は3カ月～半年だが、八丁味噌は2年以上と格段に長い。色が濃く塩辛いと思われがちだが実は塩分は少なく、うま味とコクが強い。熟成の間に大豆のたんぱく質が大量に分解され、うま味成分のアミノ酸になるためだ。

「日本発酵紀行」の著者で、発酵デザイナーの小倉ヒラクさん（36）によると、八丁味噌の製法は韓国や中国の製法に近く、苦味や酸味が強い点も大陸のみそと共通する。「古代に大陸から伝わったみその特徴が日本で唯一残る存在だ」（小倉さん）

「三河国朝夕食汁に赤味噌を用ゆ、他国にはなし」。江戸時代の文人、渡辺政香《まさか》が天保7年（1836年）に記した「三河志」の一節だ。三河地方では当時すでにとり鍋や、根菜を煮込む「煮みそ」といった郷土料理が広まっていたとされる。

野村さんによると、八丁味噌が煮込み料理に適する理由は、うま味成分が豊富なので煮詰めるほどコクが増すから。香りの変化が小さいのも特長だ。麹のアルコール発酵で香りが生じる米や麦みそと異なり、豆みそはアルコール成分が少ないので、煮込んでも風味が保たれるという。

国の工業統計では愛知県のみそ生産量は長野県に次ぐ全国2位。煮込み料理に限らず、「みそはこの地域の食卓に欠かせない」と愛知県味噌溜醤油工業協同組合の専務理事、富田茂夫さん（70）は強調する。

ナカモ（同県清須市）の「つけてみそ　かけてみそ」など、みそ加工品を料理に使う家庭は多い。名古屋市の小学校は給食に豆みそを使ったみそ汁を出すほか、「みそ煮込みきしめん」

や「みそおでん」もおなじみだ。

欧米を中心に海外にも輸出される八丁味噌。カクキューと並ぶ老舗、まるや八丁味噌社長の浅井信太郎さん（70）は「若い世代や転勤者など、さまざまな人に味わってほしい」と語っている。

みそを使った名古屋の主な名物料理

▼みそ煮込みうどん
みそ仕立ての汁でうどんを煮込む

▼どて煮
牛すじ肉やモツをみそで煮込む

▼みそおでん
鍋の中心にみそつぼを置く
みそを具材につけて食べるのが伝統的な食べ方

▼みそとり鍋
名古屋コーチンをみそで煮込む
締めはきしめんか、白飯に汁をかけて

▼みそカツ
トンカツにみそだれをかける
カツを煮込むタイプも

「地理的表示」に揺れる製法

国は2017年12月、地域の農林水産物をブランドとして守る「地理的表示（ＧＩ）保護制度」の対象として、八丁味噌を登録した。同制度は、伝統的な生産方法や風土などの特性が品質に結びついた産品の名称を、知的財産として登録し保護するものだ。ただ国が認めたのは県内全域を産地として金属製のおけを使う「愛知県味噌溜醤油工業協同組合」の登録。産地を岡崎市に限り、伝統製法を要件として登録を求めたカクキューとまるやの老舗2社は対象から外れた。

2社は国のお墨付きを示すGIマークを使えず、25年からは法の定めで海外で八丁味噌を名乗れなくなる。カクキュー社長の早川久右衛門さん（68）は「伝統の製法をひとつでも変えたら八丁味噌ではない」と主張。2社で行政不服審査を申し立てた。組合側は「広く食べてもらうために県内の業者が協力すべきだ。我々の製法でも品質を守れる」として2社に追加登録をすすめている。

4分割で味わう「ひつまぶし」、起源は器の保護!?

少々値段は張るものの、たまのぜいたくや観光の思い出にぴったりなのが名古屋の名物料理の中でも特別な存在といえる「ひつまぶし」。うな丼やうな重とひと味違う、中部圏独特のうなぎの楽しみ方だ。しゃもじでおひつの中身を十字に4分割し、薬味とだしで味の変化を堪能するのがプロのおすすめ。最近はエビや牛肉を使った「変わり種」もひそかなブームになっている。

明治6年（1873年）創業の老舗、「あつた蓬莱軒本店」（名古屋市熱田区）。残暑厳しい9月中旬、扇風機と大うちわで備長炭を真っ赤に燃やし、職人がタレにくぐらせたうなぎを焼いていた。うなぎは包丁で細かく刻み、器に盛った白飯の上に。湯気をふたで閉じ込め

味の変化を楽しむためのひつまぶしの食べ方

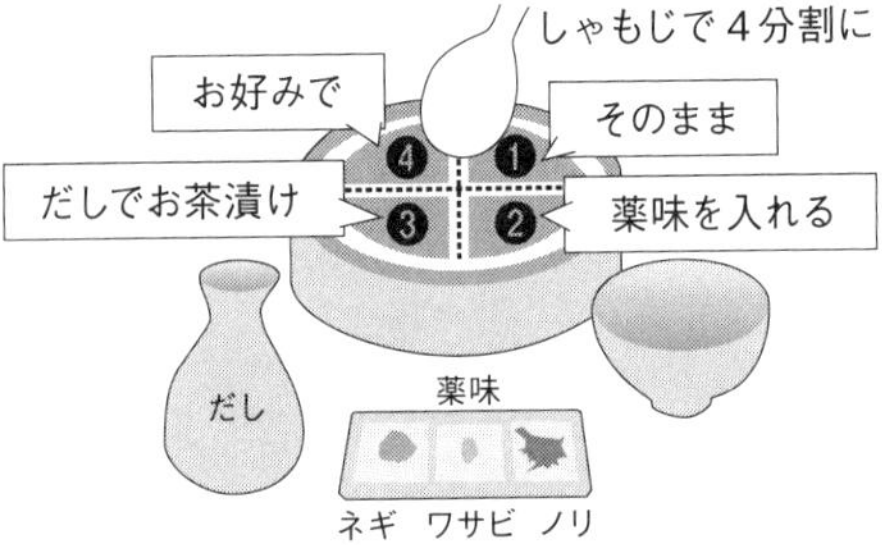

れば、名物のひつまぶしができあがる。

誕生の経緯には諸説ある。発祥店とされる蓬莱軒本店の5代目女将、鈴木詔子さん（75）は「明治時代の中ごろに原型が生まれた」と話す。

鈴木さんによると、当時は商人や芸妓《げいこ》らへのうな丼の出前が頻繁だったが、丼が瀬戸物のため回収時に器どうしがぶつかってよく割れた。そこで2代目店主が漆塗りの大きな「おひつ」に人数分のご飯とうなぎを盛るアイデアを打ち出したものの、数人でおひつを囲むとうなぎが先に無くなってご飯だけが余りがちになる。均等に食べ尽くせるよう刻んで全体を「混ぜる（まぶす）」工夫をしたのが、ひつまぶしの由来という。

おすすめは、しゃもじで十字に切り込みを入れ、4回に分けて茶わんに盛る食べ方。1杯目はそのまま、2杯目はワサビやネギなどの薬味でサッパリと、3杯目はカツオの効いただしをかけてお茶漬けにする。「最後の4杯目は、お気に入りの食べ方でどうぞ」(鈴木さん)。だしをかける食べ方は「お酒のシメに」という客の提案がきっかけで始めたそうだ。

誕生からおよそ100年。ひつまぶしは、中部地方が誇る食べ物になった。2019年5月に発行された「ミシュランガイド愛知・岐阜・三重2019特別版」は21店舗のうなぎ料理店を掲載。蓬莱軒のほか、「いば昇《しょう》」(名古屋市中区)、「うな富士」(同市昭和区)など、ひつまぶしの老舗や名店がずらりと並ぶ。

あつた蓬莱軒のひつまぶし
(名古屋市熱田区)

新たな形を模索する店もある。「ひつまぶしは食べ方の文化。うなぎじゃなくてもいい」。名古屋駅の地下街「エスカ」で飲食店「ゆうふく」を営む鈴木守治社長(69)は持論を語る。

取り分けて味の変化を楽しみ、最後に茶漬けでさらりとご飯粒を残さずたいらげる——。この食べ方さえ大事にすれば、どんな食材でも「ひつまぶし」だと強調する。

店では9年前から、肉やエビなどの食材を使った「変わりひつまぶし」を提供する。一番人気は普通のうなぎひつまぶしだが、客の3割は「変わり」を注文する。うなぎが高騰するなか、手軽にひつまぶしを楽しんでほしいと考案したという。

人気は知多牛を使った「牛ひつまぶし」や、愛知の「県の魚」でもある車エビの天ぷらを盛り付けた「車エビひつまぶし」だ。うなぎと同じく氷砂糖と濃い口しょうゆを使ったタレがベースだが、素材によって微妙に甘さや濃さを変える。

鈴木社長は「フグやシラス、みそカツのひつまぶしにもいつか挑戦したい。可能性は無限大です」と話している。

「一色産うなぎ」農地水没で一大産地に

愛知県はうなぎの産地として知られる。日本養鰻《ようまん》漁業協同組合連合会によると、2018年の生産量は鹿児島県に次ぐ全国2位。「一色産うなぎ」ブランドで知られる旧一色町がある西尾市は県の年間生産量（約3400トン）の8割を占め、市町村別では全国トップクラスだ。

1894年、水田地帯だった旧一色町に県の水産試験場ができ、うなぎの養殖試験が重ねられた。8年後、試験場が移転した際、養殖池が民間に払い下げられた。

1959年には、伊勢湾台風で多くの水田が水没した。減反政策の影響もあり、多くの農家が養鰻業者に転身。一大産地に成長するきっかけとなった。1級河川の矢作川から水を引き入れるなど、養殖に適した環境も質の高いうなぎの生産を支えている。

「きしめん」人気V字回復！平打ち麺の魅力とは…

平たい麺のつるっとした食感と鼻孔をくすぐるだしの香りで古くから親しまれてきた郷土料理「きしめん」は、名古屋駅ホームの名物でもある。近年人気が落ち込んだ時期もあったが、製麺業者らの地道な普及活動で生産量が回復しつつある。名古屋特有の麺文化が、再び人気の「幅」を広げている。

東海道新幹線のホームを慌ただしく行き交う人々が小さな建物に吸い込まれていく。あめ色のだしから麺をすくいあげてはすすり、食べ終えれば乗車口へ急ぐ。名古屋駅でおなじみの光景だ。出張前の腹ごしらえや旅の思い出に食す人が多い。

名駅のホームに初めてきしめん店ができたのは、1961年。駅構内の飲食店などを手掛ける「ジャパン・トラベル・サーヴィス」（東京）が「名古屋らしい食事を」と考え、在来線で立ち食いの「住よし」を開いた。名古屋営業所長の桑原栄介さん（47）によると、現在は新幹線ホームを含め9店舗できしめんを提供しており、「どの店も味付けは同じ」という。

住よしのだしは開業から変わらず、国産のソウダガツオとムロアジから取る。定番のきしめんは1杯３６０円だ。桑原さんは「パンチ力はないけれどクセのない味わいが魅力です」と胸を張る。

いつから名古屋名物なのか。鶴舞中央図書館（昭和区）の司書、高木聖史さんが調べたところ、明治21年（１８８８年）発行の「愛知県下商工便覧」の扉絵に、農産品と並んで「きしめん」の文字が見つかった。

小説家、泉鏡花は明治35年（１９０２年）に著書で名古屋のきしめんに言及。「他所には類が無かろう」「扁平《へんぺい》にして色淡黄なり」と書き残している。高木さんは「遅くとも明治時代には、きしめんが名古屋ならではの食べ物になっていた」と語る。

名前や形状の由来は諸説ある。有名なのはキジの肉を入れて食べたことが起源だという説。「紀州の麺」が転じたといういわれも残る。

「角千本店」（名古屋市北区）のきしめんはつるっとした食感が特徴だ

独特の平たい形状がいつごろ定着したかははっきりしないが、名古屋市北区の製麺業者「角千本店」会長の加古守さん（76）は「平べったい麺は短い時間で手早くゆでられるメリットがある」と説明。1610年に始まった名古屋城築城の際に手早く振る舞える昼食として大勢の人が口にしたとの説があり、形状と関連があるかもしれない。

長年愛されてきたきしめんにも厳しい時期があった。農林水産省によると、きしめんを中心とする「ひらめん」の年間生産量は1999年に約5100トンだったが、10年後の2009年には約2200トンに半減した。

人気低迷の理由について加古さんは「具材はカマボコとホウレンソウと油揚げで地味。若い人たちがラーメンやパスタに流れてしまった」とし、讃岐うどんのブームが巻き起こるなか「きしめんをPRしきれていなかった」と振り返る。

危機感を募らせた地元業者は08年、「愛知県きしめん普及委員会」を設立。若者を的にし

きしめんなど「ひらめん」の生産量

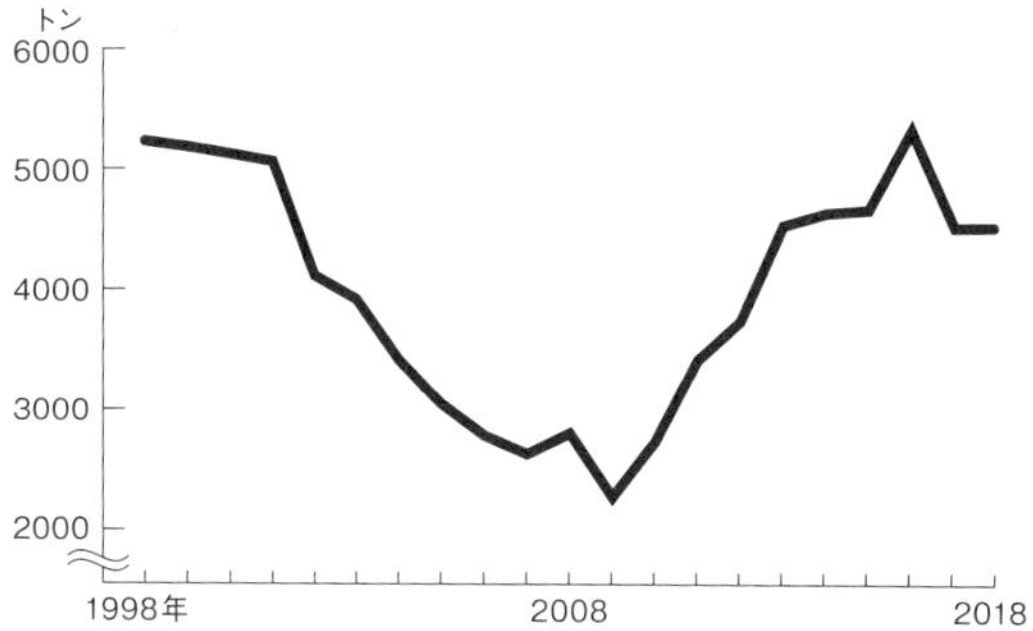

（出所）農林水産省の統計より作成

た行事でエビフライやカレーと組み合わせた商品を提供したほか、健康志向の「ウコン入り」きしめんも大学生と共同開発。職人が地元小学校に出向き、めん作りの実演も重ねた。

行政も後押しした。愛知県は00年から製造に適した小麦粉「きぬあかり」の開発を進め、11年に品種登録。県の担当者は「製麺業者からは、コシのあるおいしい麺になると評価してもらっている」と話す。

さまざまな取り組みに加え、名古屋めしブームが後押ししたことで生産量はV字回復を遂げ、18年は4500トンに上った。「きしめんの認知度は上がりつつある」と手応えを語る加古さん。讃岐うどんに追いつけ、追い越せが目標だという。

辛い「台湾ラーメン」が名古屋で生まれた理由

辛さにむせ込み、汗と格闘しながら味わう「台湾ラーメン」。50年近く前に生まれ、今や全国でも知られる名古屋のソウルフードだ。発祥の中華料理店「味仙」のオーナーに成り立ちを聞き、着想を得た郷土料理「担仔麺《タンツーメン》」を探して台湾の古都を訪ねると、実は「辛くない」という意外な発見があった。

台北から台湾高速鉄道とローカル線を乗り継いで3時間。古都・台南市にある郷土料理店「度小月」を訪れた。落ち着いた店構えの1895年創業の老舗で、この店で生まれた台湾南部の郷土料理、担仔麺が台湾ラーメンのルーツとなった。

味仙に代表される名古屋で一般的な台湾ラーメンは、鶏ガラだしのスープに大量の唐辛子と炒めたひき肉、ニラを入れる。一口すするだけで汗が吹き出す辛さがファンを魅了する。

一方、度小月の看板料理の担仔麺（50台湾ドル、約180円）は、エビの頭でスープのだしを取ったすっきりした味わいだ。すり下ろした台湾特産のニンニクの香りが食欲をそそるが、実は全く辛くない。

麺は薄黄色でもっちりと軟らかく、煮込んだひき肉とエビの身がのせられている。麺の甘さと甘じょっぱいひき肉との相性が抜群で、シャキシャキのモヤシの食感がいい。量は味仙の台湾ラーメンの半分ほど。食べ終えるとパクチーのすっきりした後味が残った。

味仙の台湾ラーメンは辛さが魅力だ（名古屋市千種区）

男性店主（42）によると、中国・福建省から移り住んだ漁師だった創業者が、魚が取れない時期に故郷で覚えた麺料理で生計を立てたのが始まりだという。

店主に台湾ラーメンの写真を見せると「なんでこう変わったの？　全く別の料理

だね」と大笑い。台湾の食も中国大陸や日本などさまざまな地域の影響を受けていると語り「食は各地の文化が入り組んで変わる。不思議なものだ」とうなずいた。

そもそも台湾ラーメンが名古屋で生まれたのは1972年。生みの親は名古屋を中心に14店舗を構える味仙の総代表、郭明優さん（79）だ。創業から10年を経て新メニューを探していた郭さんが、友人の招きで両親の生まれ故郷、台湾を訪問。その際に食べた担仔麺のおいしさに感動し、味仙で提供したいと考えたのがきっかけという。

ただ、担仔麺に用いる台湾産の赤みがかったニンニクが手に入らず、試作は難航。そこで近くの焼肉店がタレに使っていたことをヒントに唐辛子を入れたところ、若者やタクシー運転手らに好評だった。80年代の激辛料理やエスニック料理のブームを追い風に徐々に人気が沸騰。辛さ控えめの「アメリカン」を含め、今池本店（千種区）だけで1日約400杯も売れるようになった。

その後、名古屋の中華料理店やラーメン店の多くが台湾ラーメンを出すようになり、観光客らの知名度も徐々にアップ。「名古屋めし」の人気も重なり、2016年には味仙は東京に進出し、全国区となった。ラーメンに限らず、「台湾まぜそば」「台湾カレー」を売りにする店も増えた。

味仙は台湾ラーメンの商標登録をしていない。郭さんの妹で開発にも携わった矢場店オーナー、早矢仕《はやし》黎華さん（72）は「他店が売れば味仙の宣伝にもなる。まねを許したからこそ人気が広がった」と語る。日台の食文化が入り交じって生まれた台湾ラーメン。郭さんは「これほど人気になったのは名古屋の人の口コミのおかげ。街とお客さんに感謝ですね」とほほ笑む。

熱烈一番亭の「名古屋ラーメン」は月に1000杯売れる（台湾・桃園国際空港）

「名古屋ラーメン」輸出も

「名古屋ラーメン」（180台湾ドル、約650円）。台湾・桃《とう》園《えん》国際空港（桃園市）の中華料理店「熱烈一番亭」に入ると、こんなメニューが目に飛び込んできた。同店は「現地の人に台湾ラーメンを食べてほしい」という思いで日本から進出した「ダイム」（三重県伊勢市）が手掛ける。

同社の大西隆俊会長によると、台湾では辛い麺類が珍しいため辛さを控えめにし、スープは当地で人気の豚骨を選んだ。2012年に開業した同店では月に1千杯が売れる。台北市の男性（38）は「辛くておいしい。ルーツが担仔麺だったなんて」と驚きながら、麺をすすった。

台北エリア統括店長の許昱暉さん（47）は「台湾ラーメンを生んだ名古屋に親近感がある。『名古屋ラーメン』をたくさん食べてほしい」と意気込む。現地では名古屋の地名を知る人が多く、取材を通じて台湾との結びつきの強さを感じたことが印象的だった。

新幹線が育てた名菓「ういろう」、実は、中国の万能薬に由来

ほのかな甘みともっちりとした歯応えの和菓子「ういろう」と言えば名古屋名物の代表格だ。ただ名前の由来になった万能薬「外郎《ういろう》薬」が中国から伝わったのは福岡とされ、同じ呼び名の和菓子は全国にある。なぜ名古屋ういろうが全国区の名菓になったのか。カギは東海道新幹線の車内販売にあった。

名古屋市守山区にある老舗「青柳総本家」の工場。香気漂うその一角で、職人が米粉や和三盆に水を加え、ダマにならないよう一定のリズムでかき混ぜていた。粘りのある生地を型枠に流し込み、100度で1時間半蒸し上げると、ぷるぷるで白色の「生ういろう」が出来上がった。

青柳総本家のういろうには「さくら」や「おいも」などさまざまな味がある

ういろうがどこで生まれたかははっきりしないが、名古屋だけでなく、神奈川県の小田原や京都、山口、徳島などでも名菓として知られる。原料は小麦粉やわらび粉など地域によって異なり、味わいや食感はさまざまだ。青柳総本家の後藤敬社長は「名古屋は米粉を使うため、淡泊な甘みと粘りが特徴だ」と話す。

名古屋ういろうを「全国区」にした立役者は、実は1964年に開通した東海道新幹線だ。後藤社長によると、もともと名古屋駅構内で立ち売りをしていた青柳総本家の商品が、開通に合わせて下りの新幹線の車内で販売されるようになった。

商品は東京駅で積み込んだが、「ご当地感」を演出する狙いで、販売は浜松駅を出発してから。乗務員が「名古屋名物、ういろう」の掛け声を上げながら練り歩き、日持ちするよう包装技術も向上させたことで、手土産として人気に。売り切れて名古屋駅で補充することもしばしばだった。列島を東西に結ぶ大動脈によって「名古屋名物」のイメージが広がった。

ルーツを知る手掛かりは福岡市の古刹《こさつ》、妙楽寺にある。境内に立つのは「ういろう伝来之地」の碑。前住職の渡辺桂堂さんによると、約600年前、中国で薬を調達する「礼部員外郎」という役職にあった陳宗敬が日本に帰化して住み込んだ。陳外郎と名乗り、せきやたんに効く黒くて四角い万能薬の作り方を伝え、後に「外郎薬」の名で重宝されるようになった。

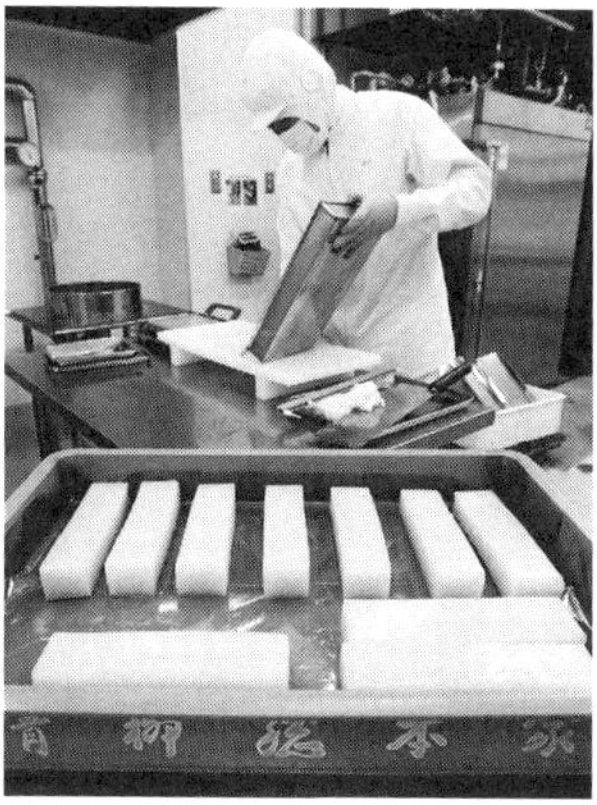
青柳総本家は「生ういろう」を昔ながらの製法で作る（名古屋市守山区）

和菓子の名前につながった理由に定説はないが、黒糖を用いた黒っぽい見た目が外郎薬に似ていたという説や、外郎薬の口直しとして提供されたとの説が有力とされる。

ういろうは、遅くとも江戸時代中期には食べられていたようだ。正徳2年（1712年）に成立した百科事典「和漢三才図会」には、ようかんのすぐ隣に、竹皮に包まれたさお状の「外

新幹線の開通当時、ういろうを補充する青柳総本家の従業員（名古屋駅、同社提供）

郎餅」が描かれている。うるちや餅米を練って蒸し上げるなどと記され、製法も今のういろうと大きく変わらないことがわかる。

従来は一本のういろうを大家族で分けて食べるのが一般的だったが、最近は核家族や職場でのお土産向けの一口サイズが主流に変わってきた。

名古屋で最も古い1659年創業の「餅文総本店」（熱田区）の東稚人統括店長は「いろいろなお菓子が登場する中、ういろうの売れ行きは落ちていない。高級ではないが、庶民的で飾らないおいしさがある」と胸を張る。青柳総本家でも長年売り上げの7～8割をういろうが占め続け、存在感を保っているという。

古風なイメージにとどまらない商品も生まれている。名古屋駅構内の「マーメイドカフェ」は青柳総本家のういろうをクロワッサンで挟んだ「ういろうワッサン」を2年前に発売。「大須ういろ」（名古屋市緑区）は棒アイスのような形状の「ウイロバー」を売り出した。

SNS映えを重視する若者らに人気を呼んでいる。

時代とともに姿形は変わりつつあるが、おやつやお土産としての名古屋ういろうの人気は、相変わらず高い。名古屋文理大学短期大学部の佐藤生一教授（食品学）は「値段の割にずっしりと重量感があり、腹持ちもいい。質素倹約な名古屋の人々がういろうを好むのは、自然なことかもしれません」と話している。

第2章

今も昔も聖地は熱い

日本初の「テレビ塔」、市民の熱意で未来のタワーに

名古屋市中心部・栄の久屋大通公園には、高さ180メートルの「名古屋テレビ塔」が鎮座する。日本初の電波塔として65年にわたり親しまれてきたが、来場者数の落ち込みや地上デジタル放送への移行など、環境の変化に翻弄されてきた。市民の支持で解体の危機をくぐり抜けた名古屋のシンボルは、2020年夏に高級ホテルを擁する「未来のタワー」に生まれ変わる。

「原っぱの中にそびえ立つ存在感に圧倒された」。1954年に開業、その翌々年に記念開催されたテレビ塔の「早登り競争」で優勝した近藤陽洲さん（84）は、当時の威容をこう振り返る。

テレビ放送の勃興期、名古屋市、愛知県、地元財界が出資し、集約電波塔として開業した。設計を担ったのは、早稲田大学の故・内藤多仲《たちゅう》博士。東京タワーや通天閣を手掛け「塔博士」の異名を持つ人物だ。中でもテレビ塔は最初に完成した「長男」に当たる。

高さ180メートルは東京タワーが出現するまでは最も高く、「東洋一」とうたわれた。

テレビ塔は名古屋・栄の中心地に立っている

名古屋テレビ塔は改修工事中だ

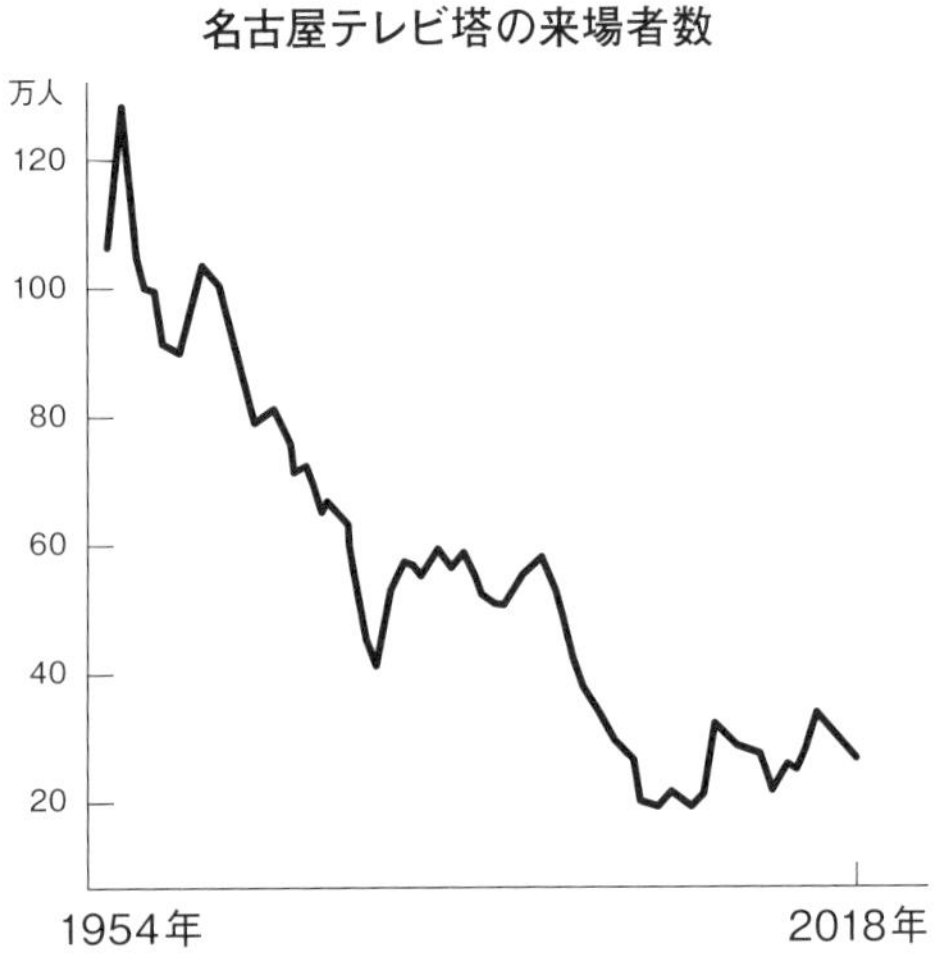

戦後復興のシンボルとして開業初年度は年間100万人が足を運び、節目の来場者が偶然にも内藤博士の娘だったのは語り草だ。近藤さんは「地元の人間にとっては戦後の心の支えで、無くてはならない存在だった」と話す。

しかし、経済成長に伴う高層建築物の増加で「展望台」としての魅力は次第に薄れ、来場者は減少していく。名古屋駅に高さ245メートルのJRセントラルタワーズが完成し、栄全体の集客力が落ち込んでいた99年度には赤字に転落。地元テレビ局が送受信機器を置くスペースの賃料を上げて年間数千万円の赤字を穴埋めする窮状に陥っていた。

2003年に運営会社社長に就いたNHK出身の大沢和宏さん（79）は「塔の幕引きが自分の仕事になる覚悟もあった」と明かす。追い打ちをかけるように11年7月、アナログ放送が終わり地上デジタル放送に切り替わった。電波塔としての役目を終え、支えだったテレビ局の賃料はゼロに。純粋な商業施設にかじを切れば法律上の位置づけが変わり、耐震工事が必要になる。多額の費用をかけて改修する意味がテレビ塔にあるのか——。名古屋市議会でも「解体」の是非が議論された。

1954年6月20日の開業日には、来場者が長蛇の列を作った＝名古屋テレビ塔提供

それでも、市民がテレビ塔に寄せる思いは強かった。11年の市のアンケートでは7割が存続を希望した。このうち8割は市が財政支援してでも存続させるべきだと答えた。12年には塔の近くで1口10円と50円などの寄付を受け付ける「自動販売機」が登場し、これまでに200万円以上の寄付が集まったという。

「市民が愛してくれている塔を何とか守らないといけないと思った」（大沢さん）。耐震工法を工夫して費用を抑え、借り入れなど自力で約30億円の資金を調達できた。

テレビ塔は19年1月、改修工事のため営業を休止した。見た目はそのままで中身をリニューアルし、20年夏のオープンを予定する。高級ホテルやレストランのほか、仮想現実（VR）映像を流す施設も入る。大沢さんは「背丈だけではなく、心に何を残せるかが大事。時代に合わせて変化する未来のタワーにしたい」と意気込んでいる。

信長飛躍の激戦地「桶狭間」、知名度生かし観光地へ

「桶狭間《おけはざま》」。誰もが歴史の教科書で一度は目にする地名だろう。織田信長が少数精鋭で今川義元の大軍を破った古戦場は、名古屋市緑区と愛知県豊明市にまたがる地域一帯にある。戦いから450年超を経て公園などが整備され、現在は住民憩いの場だ。抜群の知名度を生かそうと、現地では観光地化に取り組む動きも活発化している。

桶狭間の戦いは戦国時代の1560年（永禄3年）、駿河、遠江《とおとうみ》（ともに現静岡県）、三河（現愛知県）を治めていた義元の2万を超える大軍を、尾張（同）の信長が3千とされる軍勢で奇襲。今川軍を退け、弱小とみられていた信長の名を天下にとどろかせた。

狭い地形での戦いで、大将自らが太刀を振るう乱戦に。親衛隊に囲まれながら騎馬で退却

桶狭間古戦場公園には、織田信長と今川義元の銅像が並び立つ（名古屋市緑区）

しようとした義元は信長の軍勢に追いつかれ、討ち取られたとされる。今川軍には徳川家康（当時は松平元康）も加わっていた。近年、信長軍が迂回攻撃したのではなく、正面衝突したとの学説が有力になりつつある。

地元住民らによると、地名の「オケ」の由来は「洞があった場所が『ホケ』と呼ばれるようになり、次第に変容していった」「泉に水くみ用の桶が置かれていた」など諸説ある。これに丘と丘の間を意味する「ハザマ」が加わり、転じて桶狭間となったという。

一帯は長きにわたり大きな変化が無く田園が広がっていたが、高度成長期から急速に宅地化が進んだ。住宅地の一角に合戦ゆかりの史跡がひっそりと残っており、名古屋市が2010年に現在の「桶狭間古戦場公園」（緑区）として整備した。

中心には、地元住民の寄付による信長と義元の銅像が立つ。園内には兵士が義元の首を洗ったとされる「義元公首洗いの泉」などの史跡もあり、池や石も合戦当時のとりでや川を模

桶狭間の史跡は名古屋市・豊明市に2つ

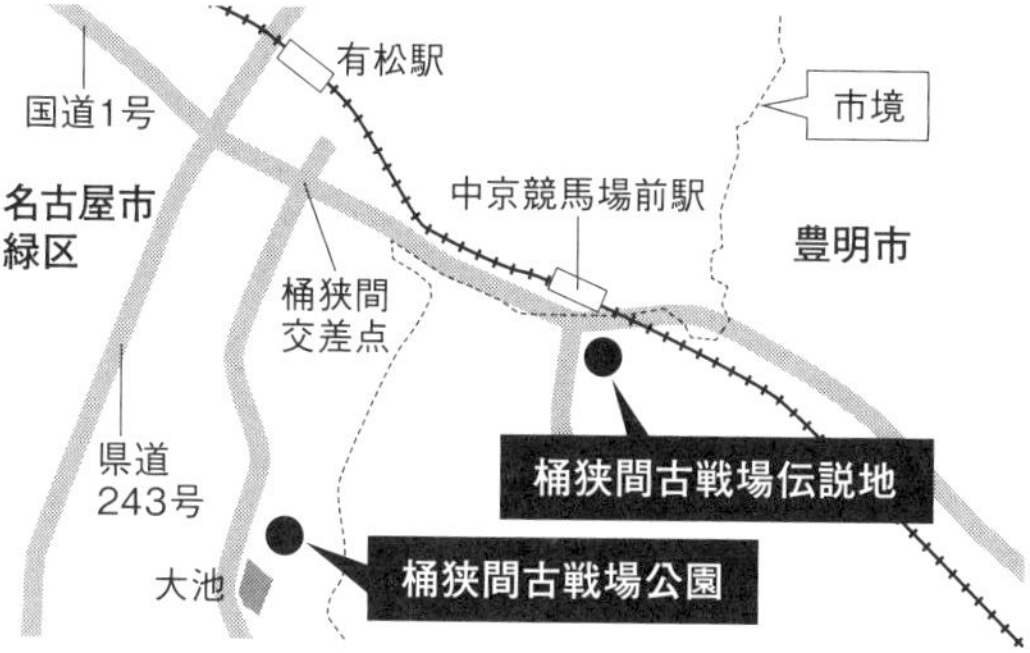

して配置。来園者が公園を眺めながら、いにしえの戦いの有様を体感できるつくりだ。

一方、北東に1キロほど離れた地にも「桶狭間古戦場伝説地」（豊明市）がある。１９３７年に国から史跡指定を受けており、明治時代にできた義元の墓や、義元や重臣らが戦死した場所として江戸時代に立てられた石碑が残る。

義元最期の地としての本家は譲れない――。戦いの地を巡っては、名古屋市と豊明市の間で論争が続いている。ただ近年は、両市の地元住民らが互いのイベントに参加しあうなど観光地化に向けた「共闘」が進む。

名古屋市は16年、信長が移動した清洲城から古戦場までを「信長攻路　桶狭間の戦い　人生大逆転街道」と名付けてアピール。地元住民らは初夏に慰霊祭を開くほか、

今川義元の墓や戦死した重臣の石碑が残る桶狭間古戦場伝説地（愛知県豊明市）

「桶狭間古戦場保存会」を立ち上げて史跡周辺の清掃や史跡を案内するガイドを務め、年間3千人を超える見学申し込みがあるという。豊明市でも毎年6月、戦いで命を落とした人を慰霊し、武者行列や当時の再現劇などをする催しが開かれている。

保存会の梶野晶嗣副理事長（52）は「最近は欧米や中国など海外からの観光客も多く関心の高まりを感じる。緑区と豊明市の史跡はわずかな距離。それぞれの地を実際に見て戦国の世に思いをはせてほしい」と話している。

「ナゴヤ球場」、根尾効果でドラゴンズファン再び熱狂！

プロ野球史に残る「10・8決戦」をはじめ、数々の名勝負の舞台となった「ナゴヤ球場」（名古屋市中川区）。終戦ほどなく、軍需工場跡地に建てられ、火災や天災に見舞われながら多くのファンに愛されてきた。1997年のナゴヤドームの完成後は中日ドラゴンズ2軍の本拠地に。新たなスター候補が加わり、「熱狂よ再び」と、例年にない盛り上がりをみせている。

「3番、ショート根尾」。2019年8月下旬、2軍戦で根尾昂《あきら》選手（19）の名前がアナウンスされると、球場は多くのファンの温かい拍手に包まれた。

同選手のユニホームをまとった会社員の奥村幸也さん（36）は「まじめに取り組む姿を応援したい。どんどん上手になっている」と満足そう。球場前で約40年営業する「ラーメン専

多くのドラゴンズファンが２軍の若手選手に声援を送る（名古屋市中川区のナゴヤ球場）

科　竜」の吉田和雄店長（77）は「若手の成長を見るために多くのお客さんに訪れてほしい」と期待する。

職業野球発足時の１９３６年に名古屋軍として誕生したドラゴンズはホーム球場を持たなかった。49年、空襲で焼失した軍需工場の跡地に念願の「中日スタヂアム」が完成。収容人員２万人超の本拠地での熱戦は、戦禍で疲弊した地元ファンを勇気づけた。

ただ球場の歴史は穏やかではなかった。51年の試合中、たばこの不始末とみられる失火でネット裏スタンドが全焼。選手も総出で救助に奔走したが、観客３人が死亡し、３００人超が負傷する惨事となった。59年の伊勢湾台風ではグラウンドが１メートル浸水する被害も。熱烈なファンがなだれ込み、警察が出動することも珍しくなかった。

73年には運営会社が不動産購入で多額の負債を抱え倒産した。同社が乱発した手形は暴力団関係者により詐欺などに悪用され、「中日スタヂアム事件」と呼ばれた。75年に中日新聞社など地元企業の出資で新たな運営会社が発足し、球場名もナゴヤ球場となった。

いわゆる「10・8決戦」の舞台としても有名だ。94年10月8日、同率首位で並んだドラゴンズと巨人が優勝をかけ争ったセ・リーグ最終戦。長嶋茂雄監督（当時）は「国民的行事」と称した。

試合前日からファンが球場を取り巻き、球場に入れなかったファンは近くのマンションの屋上にまで押し寄せる。ドラゴンズは敗れたが、一球一打にスタンドがどよめいた独特の雰囲気を懐かしむファンは今も多い。

97年、収容人員を増やすために本拠地がナゴヤドーム（東区）に移る。地元経済界からは東京などに次ぐ全天候型多目的ドームを求める声が上がっていた。移転前の最終戦で、監督だった故星野仙一さんは「ありがとうナゴヤ球場。世界一のスタジアムです」とスピーチ。自身もエースとし

1994年10月8日、セ・リーグのV決戦を徹夜で並び心待ちにするファンたち

ナゴヤ球場のすぐ近くを新幹線が通る

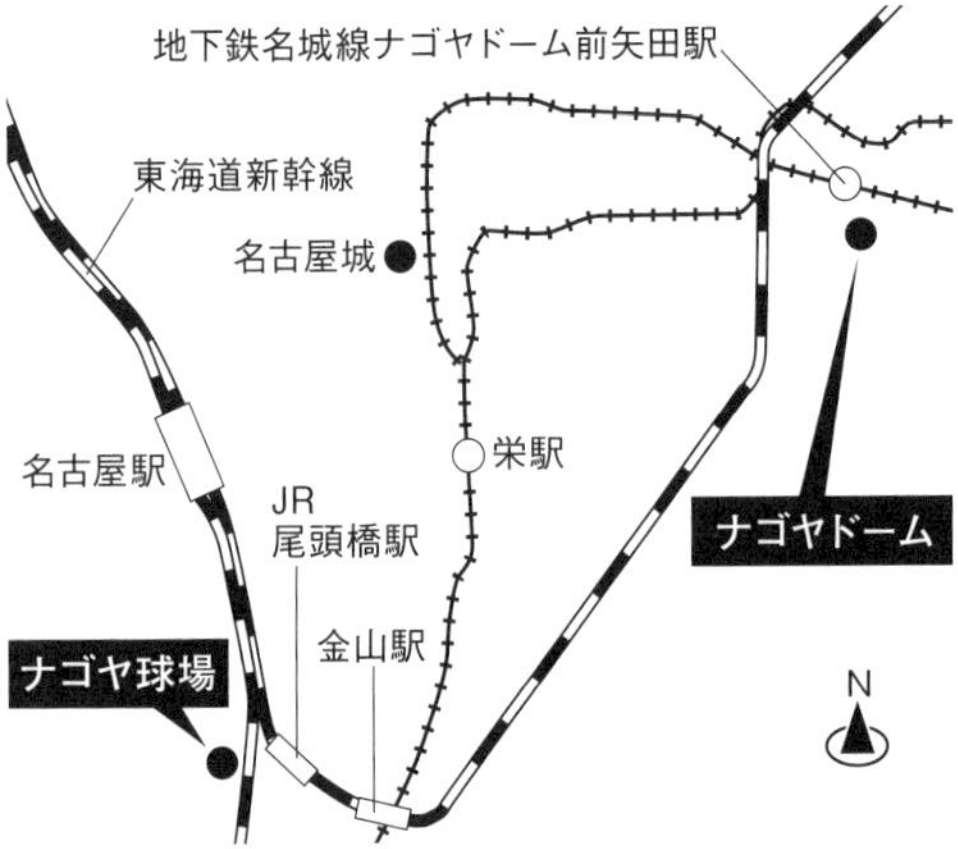

てマウンドで躍動した地に感謝を伝えた。

ナゴヤ球場は外野の照明や観客席を取り外し、2軍戦用となった。訪れるファンは減ったが、19年シーズンは「根尾効果」で1試合あたりの入場者数が以前より200人以上増えた。10・8の熱狂から25年。優勝争いに絡めなくなって久しいが、地元ファンのドラゴンズ愛は根強い。球場とドームの運営法人で34年間働く石川貴久さん（56）は「チームを愛して足を運んでくれる人たちに感謝しています」と話している。

「鶴舞公園」はみんなの聖地…ラジオ体操・コスプレ・ポケGO

名古屋市が初めて設けた都市公園「鶴舞《つるま》公園」（同市昭和区）が２０１９年11月で開園から１１０年の節目を迎えた。早朝はラジオ体操に励む高齢者が集まり、週末はレトロな建築物を背景にコスプレ愛好家が撮影イベントを開く。最近はスマートフォン向けゲーム「ポケモンＧＯ」の聖地としても有名だ。歴史ある散策スポットをさまざまな利用者が彩っている。

19年11月9日、鶴舞公園の指定管理者主催で、１１０周年を記念するコスプレイベントが開かれた。ゲームの登場人物などを模した衣装のコスプレーヤーが練り歩き、互いの姿をスマホで撮った。高校時代から撮影に訪れているという名古屋市の20代の女性は「噴水塔での撮影が大好き。鶴舞公園はコスプレの聖地です」とうれしそうだった。

国内外の愛好家が集う「世界コスプレサミット」が03年に中区の大須で始まったのを機に、名古屋中心部がコスプレの街として認知されるようになった。

鶴舞公園は西洋風のレトロな建築物や緑が多く、施設側がコスプレファンに寛容なことから撮影場所として人気が上昇。09年ごろからコスプレ団体の撮影会が増えた。当初はメーク場所の使い方などを巡る苦情が出たこともあったが、最近はマナーが良くなりトラブルはほとんどないという。

公園を訪れる人は、年間400万人超。園のシンボルともいえるドーム型の「奏楽堂」の周りでは、毎朝6時半にラジオ体操が始まる。千種区の自宅から歩いて通っている男性（68）は「自然が心地よく、顔見知りとのコミュニケーションも楽しい」と語る。

ラジオを用意して体操を呼びかける「鶴舞公園がんばろう会」の活動は50年以上続く。会のメンバーを中心に、毎朝200人ほどのお年寄りが徒歩や電車で集まる。

ポケモンGOの聖地でもある。公園中央の噴水塔を上空から見た形が「モンスターボール」というアイテムに似ていることも話題になった。当初のブームから3年を経たが、今でも週末の多いときは数百人の老若男女がスマホを片手に園内でゲームに熱中している。

鶴舞公園は明治42年（1909年）にできた。精進川（現・新堀川）の改修で生じた土砂で、田園地帯を埋め立てて造成。各地の自治体が参加する産業振興の博覧会「関西府県連合共進会」の会場とするため、初の市設公園として誕生した。

イベントで鶴舞公園を練り歩くコスプレーヤー（名古屋市昭和区）

設計を担ったのは、東京の日比谷公園などを手掛け、「公園の父」と呼ばれる本多静六ら。幾何学的なデザインの洋風庭園と、池が点在する和風庭園を組み合わせた「和洋折衷」の都市公園として整備された。

「イケメンゴリラ」で有名な東山動植物園も、もともとは鶴舞公園にあった。大正7年（1918年）、図書館と隣り合う場所に「鶴舞公園附属動物園」が開園。ライオンやラクダなど250種を飼育していたが、動物が増えて手狭になり、19年後に千種区に移った。

園内の名古屋市公会堂は昭和天皇の成婚を記念して建てられ、戦中は陸軍、終戦直後は進駐軍の拠点になった。桜の名所でもあり、花見シーズンには40万人が訪れる。

鶴舞公園の面積は約24ヘクタール

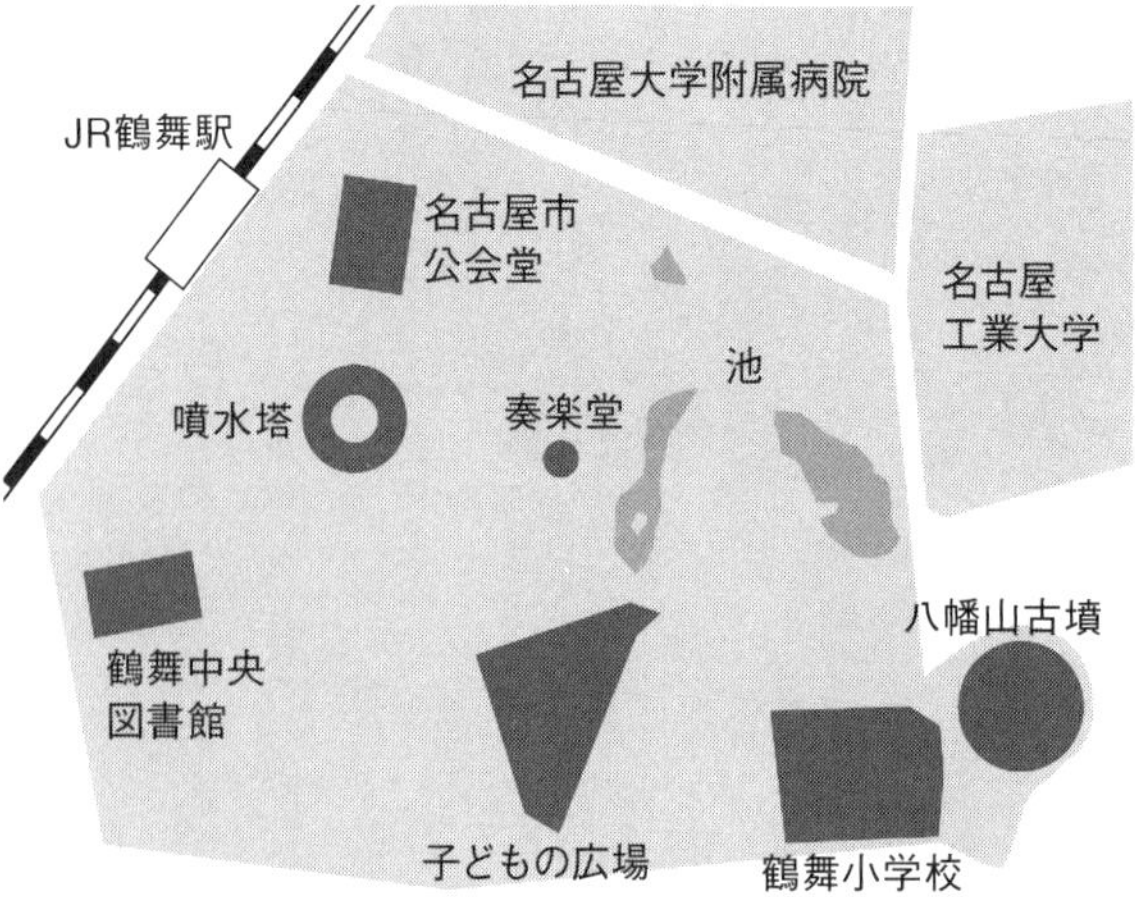

梅雨のアジサイなど四季折々の花も楽しめる。鶴舞公園事務所の所長を務める佐々木辰夫さん（55）は「時代とともに訪れる人は変わるが、地元が誇れる公園でありつづけてほしい」と話す。

公園は「つるま」、駅は「つるまい」

名古屋市は鶴舞公園ができた1909年の告示で、公園名のふりがなを「つるま」に定めた。一方、所在地の町名やJRと市営地下鉄の駅名は「つるまい」。2通りの読み方が存在する。

通説では水が流れる場所を意味する「水流間（つるま）」が公園名の語源とされて

きた。だが、開園前にまとめられた公的資料「明治十五年愛知県郡町村字名調」には「東鶴舞（ひがしつるまい）」などの記載がある。

元昭和区長で名古屋の地名に詳しい杉野尚夫さん（77）は「昔から『つるまい』が地名だったはず。付近の地形を踏まえても、水流間説は不自然だ」と指摘する。

ただ、なぜ公園名と地名が異なるのかは不明。杉野さんは名古屋弁でつるまいを「つるみゃあ」と呼び習わすことから「告示の際に名古屋弁を知らない役人が『つるま』と聞き間違えたのかもしれない」と推測している。

第3章

名古屋のスゴい学校事情

公立高校「2回受験」の独自ルール

公立高校の一般入試はチャンスが2回――。愛知県の高校受験は全国でも珍しい「複合選抜制度」というシステムを取り入れている。首都圏や関西圏などに比べ、進学実績や人気の面で県立の伝統校の存在感が大きい愛知。公立の受験機会が多く与えられる独自の制度が背景にあるようだ。

掲示板の前で受験生の喜びと落胆が交差する合格発表。早春のおなじみのシーンだが、愛知の公立高校の場合、他県とは少し様子が異なる。受験番号の隣に「本校に合格」「相手校に合格」の2通りの記載があるのだ。

「相手校に合格」とは、いったい何を意味するのか。理由は独自の入試システム「複合選抜制度」にある。

　以前は「学校群」を選んで受験し、機械的に進学先が割り振られる仕組みだったが、学校選択の不自由さが批判された。この問題を解消するため1989年に愛知県教育委員会が新たに導入したのが複合選抜制度だ。

学習塾には、人気公立高校の合格者数を記した紙が掲示されている（愛知県津島市）

　制度の最大の特徴は、公立の一般入試を2校受けられることだ。受験生はA・Bの2グループから第1志望と第2志望の高校を選び、3月に別日程で2回試験を受け、結果はまとめて発表される。「相手校に合格」は第1志望の学校に落ちたが、第2志望に合格しているケースを示している。

　1校だけ受けることもできるが、県教委によると、公立高校受験生のおよそ8割が同方式を選ぶ。県内有数の進学校、旭丘高校出身の男性公務員（34）は「仮に第1志望の試験で失敗しても公立に行ける。公立志向の受験生にとっ

複合選抜制度の仕組み

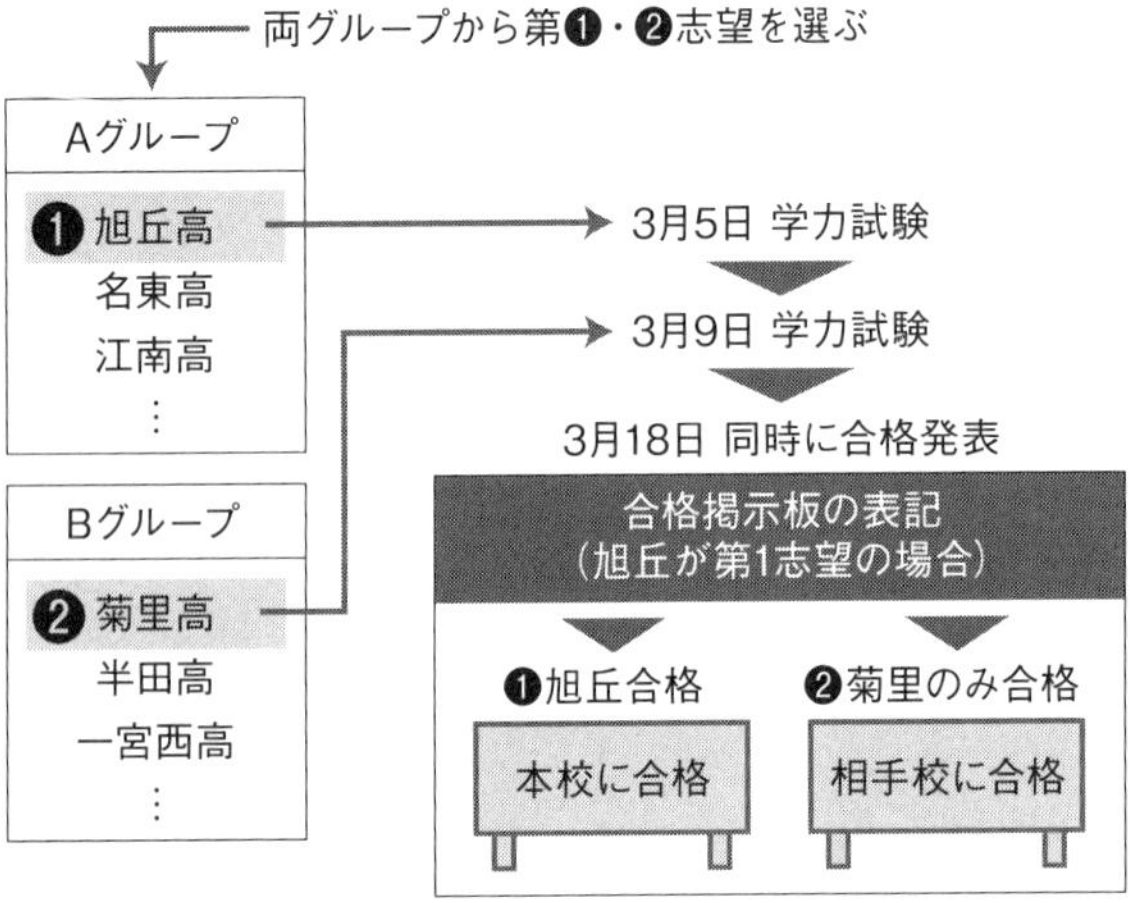

(注) 2020年度入試・尾張1群の場合

ては良い制度だと思う」と話す。

他県でも定員の一部を「後期試験」「2次募集」に配分する例はあるが、最初から2校を受験する方式は珍しい。第1志望と滑り止め校の受験機会を得られるため、公立受験に失敗する可能性が下がり、難関校によりチャレンジしやすくなる。

実際、首都圏などと比べて進学面で公立の存在感は大きい。教育情報サービス「大学通信」によると、2019年度の名古屋大学の合格者数トップ3は岡崎（88人）、明和（71人）、一宮（68人）の県立上位校が並ぶ。東京大学の合格者数

愛知の公立高校入試制度の変遷

1956年	尾張・三河の2学区の「大学区制度」始まる
73年	学校群ごとに機械的に進学先を割り振る「学校群制度」導入
86年	高校選択の自由度を高める「複合選抜制度」の導入を有識者委が提唱
89年	複合選抜制度がスタート
2012年	有識者委が制度の見直しの議論を開始
13年	制度の一部を変更し、2校を受験する枠組みは維持

は岡崎と旭丘が全国の公立高校で3、4位。京都大学では旭丘が公立で4番目に多い。

愛知県内の全高校数に占める公立高校の割合も74%で、東京(43%)や大阪(62%)を上回る。

難関校の滑り止めに選ばれる公立にも進学実績のある高校は多い。県内約6千人の中学生が通う進学塾「野田塾」の三輪宏取締役は「難易度が同程度の公立と私立に合格すれば、大半は公立を選ぶ傾向がある」と話す。

複合選抜制度は一部の進学校に受験者が集中するため以前から批判があり、大村秀章知事も「高校間の格差が広がる」と指摘。県教委は独自に有識者委員会を立ち上げ、12年から13年にかけて制度を見直すべきかどうか議論した。当時のアンケート調査では、公立高校の半数以上が改善の必要性があると回答。ただ中学校側の高い支持もあり、2校を受験できる大枠は維持された。県教委は「現状は受験者に支持された制度と考えている」と説明している。

一方、現行制度の抜本的な見直しを求めているのが私立高校側だ。愛知県私学協会の石田正城会長は「公立を2回受験できる現在の制度では、私立が公立の受け皿という意識が強くなってしまう。公私が平等に競争できる制度に改めるべきだ」と訴えている。

高校野球「私学4強」強さの背景に何があるか？

2019年3月に現役を引退したイチローさんをはじめ、愛知県の高校野球は数多くのスター選手を生んだ。甲子園での優勝回数は大阪府に次ぐ全国2位。とりわけ伝統校の中京大中京、東邦、愛工大名電、享栄は輝かしい戦績から「私学4強」として別格扱いされている。強さの理由を探ると、少年野球の裾野の広さや関東・関西への激しい対抗心が見えてきた。

「中京と名電の対決。屈指の好カードだ」。19年9月末、秋季愛知県大会の決勝戦。高校野球ファンで埋め尽くされた岡崎市民球場は熱気にあふれていた。中京大中京（名古屋市昭和区）が愛工大名電（千種区）に5対0で完勝し、その勢いで東海大会と、各秋季地区大会の優勝校で争う明治神宮大会も制した。

優勝を決め喜ぶ東邦ナイン
（2019年4月、甲子園球場）

中京（当時中京商）が1931年（昭和6年）夏の甲子園で初出場・初優勝して以来、春夏の全国大会での愛知県勢の優勝回数は19回。都道府県別で大阪（25回）に次ぎ、このうち愛知の私学4強と呼ばれる中京、名電、東邦（名東区）と享栄（瑞穂区）だけで優勝17回、準優勝8回を誇る。

19年春の平成最後のセンバツ大会を、平成最初の王者だった東邦が制して注目を集めたのも記憶に新しい。プロ野球界にも、享栄出身で19年秋に亡くなった400勝投手、金田正一さんら多くの名選手を輩出してきた。

長年強さを保つ理由はどこにあるのか。「甲子園！愛知4強物語」の著者でアマチュア野球に詳しい鶴哲聡さん（48）は「少年野球が盛んなことが背景にある」と指摘する。中学硬式野球の強豪は首都圏や関西に多いが、愛知も負けていない。この10年間で全国制覇したチームは東海ボーイズ（知多市）、愛知豊橋ボーイズ（豊

高校野球私学4強の甲子園での実績

勝数	最高戦績	著名な出身者（敬称略）
中京 133	春4回 夏7回優勝	江藤省三（元慶大監督） 稲葉篤紀（日本代表監督）
東邦 75	春5回優勝	山倉和博（元巨人） 石川昂弥（中日）
名電 21	春1回優勝	工藤公康（ソフトバンク監督） イチロー（元マリナーズ）
享栄 18	春1回4強	金田正一（元巨人） 大島洋平（中日）

（注）勝数は他球場含む。所属球団は在籍した一部

橋市）など県内各地に点在する。

少年野球の裾野が広い上、「地元志向の県民性に加え有望な小中学生の4強への憧れが強く、県外の強豪に進む生徒が少ない」（鶴さん）。多くの4強ＯＢが指導に当たり、独自のネットワークで球児の情報が集まりやすい強みもあるという。

「関東と関西に負けたくない名古屋人気質で強化に力を入れてきた」と語るのは、12年に全国制覇した中学チーム「豊田シニア」（豊田市）の小林晋也監督（62）だ。社会人野球の名門トヨタ自動車の元選手約10人がコーチを務める充実した環境で、過去20年で30人以上が4強に進学。09年にはＯＢの堂林翔太選手（広島カープ）が中京を夏の王座に導いた。

練習で汗を流す東山クラブの選手
（名古屋市千種区）

互いのライバル意識も強い。「『中京はもっと練習しているぞ』と声を掛け合い、厳しい練習を乗り越えた」。こう語るのは元中日ドラゴンズ投手で、東邦のエースとして春を制した山田喜久夫さん（48）。4強同士の対決は観客が多く「下手なプレーはできないと緊張した」と懐かしむ。

野球だけでなく、各校の応援も有名だ。イチローさんの母校、名電は吹奏楽部が全国コンクールで16度金賞に輝き、チアリーディング部も全国大会常連。チア部出身の女子大学生（19）は「野球応援に興味があり入部する生徒も多い」と話す。厳しい振り付けの試験に合格しないと応援に参加できないという。「戦闘開始！」の掛け声で始まる東邦の応援曲や、応援歌「天下の中京」も名物として知られる。

4強はグラウンド外での生活も注目される。中学軟式野球の全国優勝経験のある東山クラブ（千種区）で技術を磨く男子中学生（14）は「中京の部員が周囲の人に大きな声であいさつしていた」と礼儀正しさに感心する。別の生徒（14）も「4強は学業成績も良くないと入れないと聞いたので、勉強も頑張りたい」と目を輝かせる。

とはいえ、19年夏の代表として誉高校（小牧市）が初出場するなど、4強以外の私立や公立校も近年実績を挙げており、群雄割拠の様相も呈している。愛知の高校野球部員数は7451人（19年）で東京に次ぐ2位。人口で上回る神奈川、大阪より多く、分厚い選手層で競い合って強豪の地位を保っており、山田さんは「どの高校に進んでも甲子園に出るチャンスはある。球児は努力して夢を追ってほしい」とエールを送る。

外国籍児童は全国2位、教育現場のさまざまな工夫

外国籍の人が多く住む愛知県。2018年時点で県民754万人のうち外国籍が3・4%(26万人)で、比率、人数ともに東京都(4・0%、56万人)に次いで高い。18年度に県内の小学校に通う外国籍の児童数は約8700人で、こちらも東京に次ぐ2番目の多さだ。国内の人手不足で外国人材の獲得は熱を帯びており、外国籍児童は今後も増える見通しだ。多言語翻訳機の導入や英語での授業など、教育現場ではさまざまな工夫を凝らしている。

知多半島と渥美半島にはさまれるように、三河湾に面した碧南《へきなん》市。市立すべての保育園・幼稚園から小中学校で急ピッチに導入が進んでいるのが教職員向けの多言語翻訳機だ。70以上の言語に対応する。

碧南市の外国籍比率は7％と、県平均の3％を上回る。「自動車を中心に外国人労働者の受け入れ先となる工場が臨海部に集積している」（同市担当者）ことが背景にあり、その子どもが増えている。同市など臨海部に外国人を専門的に派遣する仲介会社があることも影響しているとみられる。

教育現場では幅広い国・地域の子どもたちがいかに融和できるかが課題だ。教職員は多言語翻訳機を、外国籍の子どもたちが母国語でけんかしたり、けがしたりした際の原因を聞

外国籍の園児とのコミュニケーションに携帯型翻訳機を活用する（愛知県碧南市）

外国籍が多い都府県
（2018年末時点）

	万人（%）
東京	56（4.0）
愛知	26（3.4）
大阪	23（2.7）
神奈川	21（2.3）
埼玉	18（2.4）
千葉	15（2.4）
兵庫	11（2.0）
静岡	9（2.5）
福岡	7（1.5）
茨城	6（2.3）

（注）カッコ内は人口に対する割合
（出所）法務省の在留外国人統計

東南アジア出身者が増えている
（愛知県に住む外国籍の内訳）

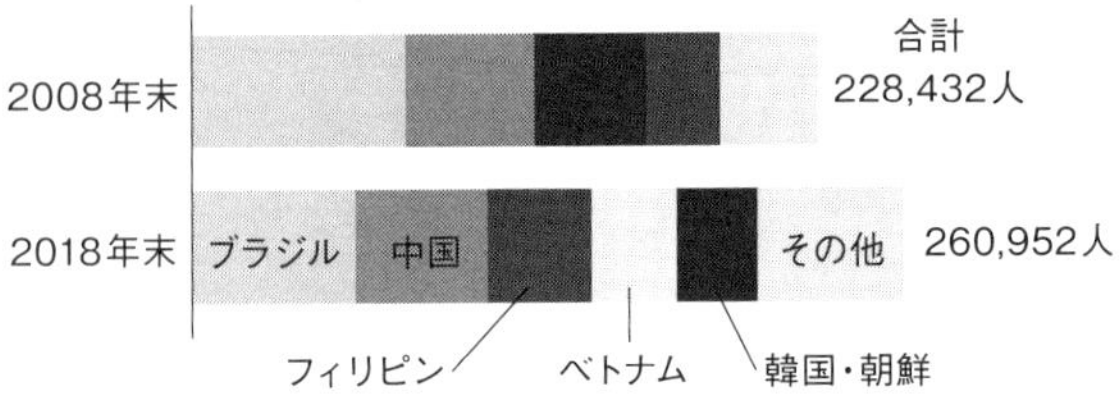

（出所）法務省の在留外国人統計より作成

くために活用しているという。

同じく外国籍比率が5％を超える豊橋市では、19年度から市内の一部の小学校で、英語で一般教科を学ぶイマージョン教育を導入した。希望する3年生の算数で実施しており、20年度からは全学年の希望者を対象に、国語と道徳を除く全科目で導入する。

背景には地元産業界からの要望がある。同市内には外資系自動車メーカーの日本法人が立地するが、外国人家庭の子どもが英語などの外国語で授業を受けられる学校がなかった。東京などに妻子を置いて単身赴任する人も少なくなく、イマージョン教育への要望が強かったという。

愛知県は官民で留学生の就職支援や地域づくりなど、外国人にとって住みやすい環境整備を進めてきた。

愛知に住む外国籍のうち、国・地域別で最も多いのはブラジル籍の約6万人（18年末時点）だ。2番目以降は中国籍（5万人）、フィリピン籍（3万7千人）と続く。近年は08年秋のリーマン・ショックの影響で帰国した人が多いブラジル籍が減少傾向にある一方、ベトナム籍、ネパール籍などアジア系の人が増えている。

国内の人手不足もあり、外国人材の獲得は一段と熱を帯びている。全国ベースでは、08年から18年までに、外国籍の居住者が1・9倍と最も増えたのは沖縄県だ。インバウンド（訪日外国人）を案内する旅行関係の仕事や留学生が増加。九州も農業から製造業まで幅広い技能実習生を受け入れており、外国籍の居住者は鹿児島県が84％、熊本県は68％それぞれ増えた。

一方、ブラジル籍の比率が高かった岐阜県では同じ期間に外国籍の居住者が4％、静岡県は10％それぞれ減った。子どもの教育環境を含めた外国人から選ばれる街づくりの有無で、今後、自治体間の差がさらに開く可能性がありそうだ。

「SSK」「愛愛名中」…地元大学への進学率なぜ高い？

愛知県は高校卒業後、地元の学校に進学する人の割合が全国で最も高い。理由の1つが私立大の充実にある。女子大御三家「SSK」はかつての名古屋嬢ファッションをけん引し、「愛愛名中」に代表される中堅私大と共に中部圏の企業や自治体に多くの人材を送り出してきた。全国的な知名度は東京や関西の難関大に劣るが、地元でのブランド力は大きな強みだ。

「NAGOYAのお嬢さんに注目　しゃちほこよりゴージャス」(「JJ」2001年3月号、光文社)。00年代の初め、女性ファッション誌が競って「名古屋嬢ファッション」の特集を組んだ。上品なワンピースに巻き髪、大きなロゴの高級ブランドバッグ——。当時読者モデルとして必ず登場したのが「SSK」と呼ばれる椙山《すぎやま》女学園大学、愛知淑徳大学（1995

愛知の私大　SSK・愛愛名中の特徴

愛知大学（名古屋市東区）

上海にあった「東亜同文書院」を源流とし、現代中国学部がある。2012年、再開発地区「ささしまライブ24」に名古屋キャンパスを新たに設けた。

愛知学院大学（日進市）

駒沢大などと同じ曹洞宗系。愛学の略称で親しまれ、OBにプロ野球西武の源田壮亮選手ら。14年開設の名城公園キャンパスは20年4月に新棟完成。

名城大学（天白区）

理工学部が看板で、教授に招いた吉野彰氏が19年にノーベル化学賞を受賞した。学生数約1万4千人は県内で最も多い。全日本大学女子駅伝3連覇中。

中京大学（昭和区）

豊田キャンパスは運動施設が充実。浅田真央さん、室伏広治さん、松田丈志さんら数多くのメダリストを育てた。国際系の学部などが近年人気を集めている。

椙山女学園大学（千種区）

市営地下鉄星ヶ丘駅近くにあり、7学部に約6千人が在籍。1905年開校で親子4代で通う学生もいる。

愛知淑徳大学（長久手市）

愛知淑徳女学校として創立し75年に大学が開学。95年に男女共学化した。中高は女子校。

金城学院大学（守山区）

「強く、優しく」がスローガン。中高は東区白壁にあり中学からの内部進学者を「純金」と呼ぶ人も。

（注）カッコ内は本部所在地

椙山女学園大学は地元での就職を念頭に置く受験生に人気だ（名古屋市千種区）

年に共学化）、金城学院大学の女子大学生たちだった。
松坂屋名古屋店の婦人服担当、城戸憲吾さんは「SSKの学生らが名古屋嬢ファッションの先頭を走っていた」。服装の独自色は薄まりつつあるが、ブランドバッグは今も学生に人気だという。
3校とも女子校としての歴史が長く、椙山女学園には曽祖母から4代続けて通う学生もいる。「お嬢様の学校」とのイメージを抱かれがちだが、金城学院の広報担当者は「学生はすごく真面目に勉強している」と強調。椙山女学園の広報担当者は「カフェで優雅にランチではなく、学食で本を読みながら定食を食べる学生が目立つ」と語る。
椙山女学園を受験した女子高校生（18）は「女性のキャリア教育がしっかりしていると思った」。愛知淑徳や金城学院も就職サポートに力を入れ、金融や航空などさまざまな業界に卒業生が進む。OGには著名人も多く、故前畑秀子さんは椙山のプールで練習を重ね、84年前のベルリン五輪の200メートル平泳ぎで日本人女性初の金メダルを獲得。引退後は母校で後進の指導にあたった。

16年度の文部科学省調査によると、高卒後に自県の大学や短大、専門学校に進学した割合は愛知が全国最多の71%。地元志向の背景について、名古屋に本校がある「河合塾」教育情報部の岩瀬香織チーフは「実家から通えるエリアに多数の大学があり、有力企業が多いため就職の不安が少ない」と説明。遠方の国公立大に合格しても愛知の私大に進む受験生が多いという。

南山大学のキャンパス内にある司祭や宣教師の養成機関（名古屋市昭和区）

とりわけ、「愛愛名中」（愛知大学、愛知学院大学、名城大学、中京大学）の中堅4私大が果たしている役割は大きい。県内で最も学生が多い名城大は19年春の卒業生のうち、65・3％が愛知、岐阜、三重の3県の企業や団体に進んだ。ほかの3大学も6～7割が中部で就職している。地元の公務員を志す学生も多く、中京大は県庁に29人、県警に56人が合格した。

また、愛知大が12年に名古屋駅近くに新キャンパスを設けるなど校舎の都市部への移転が進み、岐阜や三重からも学生を集めやすくなっている。

近年は定員厳格化の影響で首都圏の中堅私大の合格ラインが急上昇している。このため中部圏で抜群のネームバリューと就職実績を誇る愛知の私大は相対的にメリットが大きくなっているとされる。

その筆頭格が南山大学だ。1932年、ドイツ人宣教師が旧南山中学校を設立。カトリック系のミッションスクールで、キリスト教学科には司祭の養成課程もある。

同じカトリック系の上智大学とは関係が深く、59年の伊勢湾台風の支援をきっかけに、さまざまなスポーツで対決する「上南戦」が始まった。1年ごとに東京と名古屋で開催され、通算成績は南山の17勝38敗5引き分け。南山には「勝てば学長をプールに投げ込む」との伝統があるが、19年まで3連敗中だ。南山大学長室によると、20年4月に就任する米国出身、ロバート・キサラ新学長も伝統を受け継ぐ考えだという。

18歳人口の急減で、学生の奪い合いはさらに激しくなる。地元で根強い人気を誇る愛知の私大も例外ではない。河合塾の岩瀬さんは「中部だけでなく、他の地域から学生を呼び込めるかが課題になる」と指摘する。

名大、岐阜大と法人統合　愛知に国立4大学

愛知県にある国立大は、名古屋大学、師範学校が前身の愛知教育大学に加え、名古屋工業大学、豊橋技術科学大学の工学系2校がある。名大は旧帝大で最後発ながら、天野浩教授ら学部や大学院出身の5人がノーベル賞を受賞。名工大と豊橋技科大は7～8割が大学院に進み、技術者や研究者として中部の製造業を支える。

名大は経営を効率化して国際競争力を高めるため、2020年4月に岐阜大学と運営法人を統合する。県境をまたぐ国立大の法人統合の先行例として注目されている。

第4章

データで読む名古屋の経済力

税収1000億円増！名古屋は自治体の「稼ぐ力」が強い

人口が50万人以上で、住民に比較的高度な行政サービスを提供できる「政令指定都市」は全国で20都市。このうち2019年度の市税収入が最も多いのはどこか――。

答えは横浜の8375億円。名古屋は5945億円で、大阪（7488億円）に次ぐ3番目だ。ランキングをみると、税収と人口はほぼ比例していることが分かる。名古屋の市税収入は09年度に比べて1007億円（20%）増え、19年度は過去最高水準となる見通し。

これを基に住民1人あたりの市税負担額をはじくと、様相は異なる。名古屋は平均で年25・6万円と、横浜を追い抜き2位に躍り出る。トップは大阪の27・4万円だ。名古屋は10年間で3・7万円増えた。他都市より比較的多い。

1人あたりで見た市税

（全国20の政令市）

	万円
大阪	27.4
名古屋	25.6
川崎	23.8
横浜	22.3
福岡	21.2
さいたま	20.8
静岡	20.6
京都	20.4
千葉	20.3
神戸	20.2
仙台	20.1
広島	19.9
浜松	19.1
北九州	18.6
堺	18.2
岡山	18.1
相模原	18.1
新潟	16.9
札幌	16.8
熊本	15.7

（注）2019年度の税収見込みを4月1日時点の人口で割って算出

政令市の税収と人口

（2019年度一般会計ベース）

	億円	（万人）
横浜	8,375	（374）
大阪	7,488	（272）
名古屋	5,945	（231）
川崎	3,637	（152）
福岡	3,358	（158）
札幌	3,309	（196）
神戸	3,086	（152）
京都	3,000	（146）
さいたま	2,722	（130）
広島	2,392	（119）
仙台	2,189	（108）
千葉	1,986	（97）
北九州	1,754	（93）
浜松	1,515	（79）
堺	1,511	（82）
静岡	1,427	（69）
新潟	1,351	（79）
岡山	1,309	（71）
相模原	1,308	（72）
熊本	1,163	（73）

（注）カッコ内は2019年4月1日時点の人口

ここに透けて見えるのは自治体の「稼ぐ力」だ。名古屋は車や機械などの製造業が集積するため、法人市民税収は大阪に次いで高い。足元は米中貿易摩擦の余波が懸念されるものの、リーマン・ショック以降、各社の業績回復が法人市民税の増加につながってきた。

地価上昇に伴う固定資産税も増えている。27年のリニア中央新幹線開業に向け、JR名古屋駅周辺では再開発が進んでいる。19年の市中心地点の基準地価（住宅地）は上昇率が全国で6番目に高い。1平方メートル当たり100万円超と、東京・渋谷並みに跳ね上がった。

横浜は東京のベッドタウンとして370万人超と政令市最大の人口を有する。税収は住民税など個人市民税に偏りやすい。

多くの企業が集積する名古屋も、その優位性が今後も続くとは限らない。森記念財団都市戦略研究所（東京・港）が19年9月に発表した「日本の都市特性評価」によると、人口20万人以上の全国主要72市（東京都を除く）で名古屋は総合5位と18年の4位から後退した。19年のトップは京都で福岡、大阪、横浜が続く。

名古屋は「交通・アクセス」などは2位だったが、「経済・ビジネス」は前年2位から4位に退いている。

少子高齢社会を迎えるなか、行政サービスの総合力は人と企業を呼び込み、都市が成長するカギとなる。大阪は市内の特区に立地した企業の地方税を大幅に免除するほか、横浜は特区に進出する企業の土地取得費などに最大50億円の助成制度を設ける。

名古屋も20年度から東京23区にある本社を名古屋市内に移転する企業の社屋購入費に最大10億円補助する制度を始める。特区を設ける大阪や横浜と比べて、企業からみると移転場所の自由度が高いという。リニア中央新幹線が開業すれば東京・品川と名古屋は約40分で結ばれる。東京、大阪とのアクセス環境も改めて売り込む考えだ。

増えた分の大半は県からの税源移譲
（名古屋市の税収）

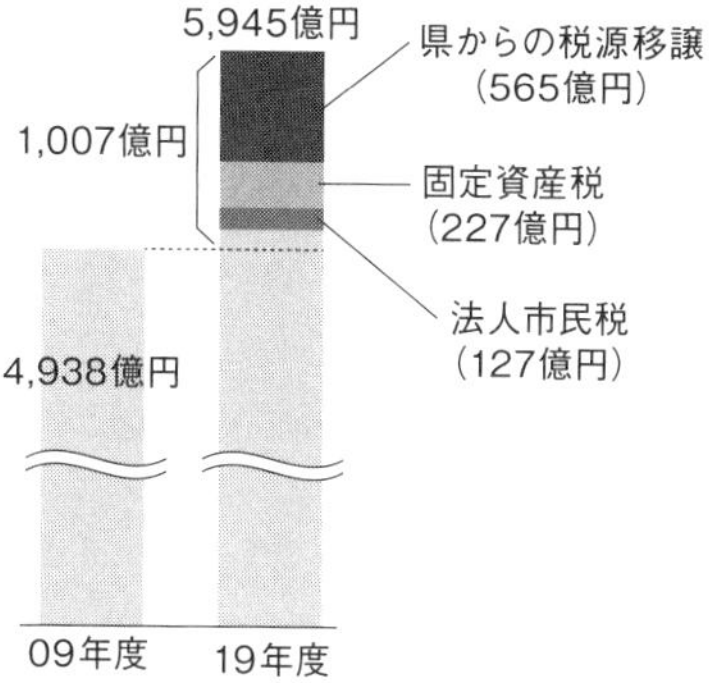

2023年、人口減で財政厳しく

名古屋市の税収が過去10年で1000億円強増えた背景には、愛知県からの税源移譲も大きい。

名古屋市には幅広い製造業が集積する
（愛知時計電機の本社工場）

同市の人口は２０２３年には減少に転じるとされ、税収が伸び続けるのは難しい。市債残高はいまだに１・６兆円ある。財政は厳しく、メリハリのきいた歳出見直しが喫緊の課題だ。

１００７億円の税収増のうち最も大きいのが公立小中学校の教職員給与だ。５６５億円を占める。18年度から徴収が県から市に代わったためだ。

10年度から始めた市の減税政策もある。河村たかし市長は他の政令市が所得の８％としている個人市民税率を７・７％に抑えている。製造業を中心に平均所得が高いため、税率が低くても税収を押し上げやすい。

一方、歳出は増えている。目立つのは福祉・教育関連の「扶助費」だ。過去10年で国から移譲された分も含めて１・５倍超になった。市の試算によると、税収増や国の交付金などを差し引いても20年度～23年度までに一般会計は76億～173億円の赤字になる見通し。

赤字を埋めるためには行政改革が不可欠だ。19年度は施設の維持管理費の経費削減、市有地の売却などで81億円を確保する。職員数も減らしていく見込みだ。市の幹部は「職員に代わり、行政サービスの拡充に向け人工知能（AI）の活用などが重要になる」と話す。

27年のリニア中央新幹線の開業を控え、市はJR名古屋駅前の周辺整備に県や国などの負担と合わせて2000億円超の事業費を見込む。バブル崩壊後に増えた市債残高1・6兆円を着実に減らすためにも、必要な支出と財政健全化のバランスが求められている。

「県民所得」全国2位、トップクラスの経済力

リーマン・ショック以降、経済的豊かさがどれだけ回復したかをみると愛知県は2つの「断層」が浮き彫りになる。製造業がけん引し、企業を含む県民全体の富（所得）は1人あたり2割増えた半面、実際の賃金は5％弱の上昇にとどまる。企業が設備投資や研究開発などを優先しているほか、手元にお金をため込んでいるためだ。

県民全体の富は県民所得と呼ばれる。2018年公表の内閣府の県民経済計算（15年度）によると、愛知は1人あたり367万7千円と、リーマン・ショック後の09年度から21％増えた。水準は東京都（537万8千円）に次ぐ2位で、伸び率も全国有数の高さだ。

県民所得は、県民が受け取る雇用者報酬、利子や配当などの財産所得、県内企業による企

業所得を合計した値で、トヨタ自動車をはじめ製造業の集積する愛知の特徴を裏付ける。経済産業省の工業統計調査によると、愛知の製造品出荷額等は約47兆円と41年連続で日本一だ（P121）。

1人あたり県民所得の3位はキオクシア（旧東芝メモリ）やシャープの生産工場がある三重県（355万6千円）、4位がホンダや日産自動車などの工場が立地する栃木県など製造業が盛んなところが目立つ。46位は鳥取県（224万9千円）、最下位は沖縄県（216万6千円）だった。産業が乏しく、公共事業への依存度が高い地域が多い。

地域の「豊かさ」
（1人あたり県民所得）

	万円	(%)
東京	537	(8)
愛知	367	(21)
三重	355	(18)
栃木	348	(16)
富山	337	(14)
静岡	331	(16)
福井	319	(4)
群馬	314	(22)
大阪	312	(8)
茨城	307	(18)
広島	307	(14)
滋賀	305	(8)
宮城	298	(23)
神奈川	298	(11)
埼玉	297	(12)
石川	294	(12)
京都	294	(11)
福島	294	(12)
長野	292	(14)
香川	292	(9)

（注）カッコ内は09年度からの増加率
（出所）内閣府の県民経済計算（15年度）から作成

平均賃金
（フルタイムの月給）

	万円
東京	38.04
神奈川	33.91
大阪	32.91
愛知	32.24
千葉	30.42
埼玉	30.37
三重	30.23
奈良	30.10
茨城	30.07
京都	29.96
全国平均	30.62

（出所）厚生労働省の2018年賃金構造基本統計調査から作成

とはいえ、実際に県民に支払われる賃金水準をみると、光景は少し異なる。厚生労働省の賃金構造基本統計調査によると、愛知でフルタイムで働く男女の月給（残業代など除く平均）は32万2400円。東京（38万400円）、神奈川（33万9100円）、大阪（32万9100円）に次ぐ4位にとどまった。

リーマン後の09年時点（30万7600円）と比較すると、伸び率は4・8％だ。09年度から直近の県民経済計算の対象となる15年度まで、1人あたり県民所得が21％伸びているのに照らすと物足りない水準にも見える。

企業がグローバル競争に備え、設備投資や研究開発、構造改革を急いでいることが大きい。人工知能（ＡＩ）や第5世代移動通信システム（５Ｇ）などの技術革新が業界地図を塗り替えるなか、業績が伸びても賃金にすぐには反映しづらい。

愛知県はスタートアップと製造業をつなぐ事業を始めた（名古屋市）

トヨタは利益の積み上げで19年3月期末の利益剰余金が21兆円ある。過去5年間で1・5倍強に膨らんだ。だが、豊田章男社長は「『トヨタは大丈夫』というのが一番危ない」と話す。お家芸の原価改善をさらに進め、19年夏のボーナスも組合平均で前年比で1割近く減少。「冬の賞与は秋に話し合い、従業員の頑張りを確認する」という異例ぶりだ。

業績を伸ばしても足元では人手不足の問題が深刻化し、各社は生産性の向上や業務の効率化を避けて通れない。

愛知の富をさらに増やすには、次世代技術を生み出すスタートアップ企業の育成も課題だ。県や経済界、大学が連携し、支援に向けて動いている。

大村秀章知事は近年、先進地の米国や中国の都市を視察して支援に必要なノウハウを吸収。22年度に、複数の企業が共用するコワーキングスペースや研究施設などを備えた中核支援拠点「ステーションＡｉ（エーアイ）」を名古屋市内に整備する。

全国トップクラスの経済力をさらに伸ばすには、従来の枠にとらわれないスタートアップの発想がカギを握りそうだ。

「若い世代」の多さが地域の活力に

愛知県は若い世代の多さが地域の活力につながっている。人口（約750万人）のうち15歳未満の割合は13・3％と全国で6番目に高く、65歳以上は3番目に低い24・9％だ。ただ、近年は首都圏への若い女性の流出が目立ち、少子高齢化への対策も待ったなしだ。

幅広い企業の集積と堅調な税収が若い世代の住みやすさにつながり、さらに雇用や消費、インフラ整備を促す好循環を生んでいる。総務省統計局の人口推計（2018年）によると、15歳未満の人口割合は全国平均で12・2％だった。17％の沖縄が群を抜いて高く、愛知は滋賀、佐賀などとともに13％強〜14％の第2集団を形成する。

一方、65歳以上の老年人口割合は全国平均で28・1％。愛知は沖縄、東京に次ぐ低さだ。

65歳以上人口の割合

	%
沖縄	21.6
東京	23.1
愛知	24.9
神奈川	25.1
滋賀	25.7
埼玉	26.4
千葉	27.5
大阪	27.5
福岡	27.6
宮城	27.8
栃木	28.0
兵庫	28.8
京都	28.9
茨城	28.9
広島	29.0
石川	29.2
群馬	29.4
三重	29.4
静岡	29.5
全国平均	28.1

（出所）総務省の2018年人口推計から作成

15歳未満人口の割合

	%
沖縄	17.0
滋賀	14.0
佐賀	13.6
熊本	13.4
宮崎	13.4
愛知	13.3
鹿児島	13.3
福岡	13.2
広島	12.9
福井	12.8
岐阜	12.7
長崎	12.7
鳥取	12.6
岡山	12.6
静岡	12.5
兵庫	12.5
石川	12.5
三重	12.4
長野	12.4
全国平均	12.2

（出所）総務省の2018年人口推計から作成

死亡数が出生数を上回る「自然減」の状態だが、県外から愛知に転入する人が転出者を上回る「社会増」が続いている。厚生労働省の人口動態統計（18年）では、愛知の合計特殊出生率は1・54と全国平均（1・42）より高い。

家族連れで賑わう「愛・地球博記念公園」（愛知県長久手市）

愛知ならではの職住近接も特徴だ。トヨタ自動車が本社や主力工場を構える豊田市に隣接する長久手《ながくて》、刈谷、知立《ちりゅう》の各市は若い子育て世代の移住が多い。中でも長久手市は10年から15年までの人口伸び率が全国の市で最も高い10・7％だった。

愛知は東京圏より生活コストが総じて低く、中高年齢層に比べ収入が低くなりがちな若い世代も生活がしやすい。県によると、民間賃貸住宅の家賃水準は東京の6割以下。駐車場料金は4分の1程度で済むという。

懸念は県外に流出する若い女性が増えていることだ（P136〜）。県人口動向調査によると、18年9月30日までの1年間に愛知県と首都圏（東京、埼玉、千葉、神奈川）の間で、20～24歳の女性が差し引き１６８６人の転出超過だった。超過者全体の２割近くを占める。若い女性の超過幅はここ数年、拡大傾向にある。

製造業の多い愛知の特徴が裏目に出て、若い女性の中には工場などを敬遠して首都圏の事務職などを選ぶ人も目立つ。

若い世代を増やそうと、自治体は移住促進を進めている。県は19年、東京圏から移住する世帯に最大１００万円を支給する制度を創設した。移住者と県内企業を引き合わせるマッチングサイトを立ち上げ、雇用の受け皿となる約１１０社を掲載。最初の１年間は約40人を受け入れるという。

若い女性向けには、産業界とも連携して企業と大学を回るバスツアーを開くなど、ものづくりの魅力をアピールしている。少子高齢化の荒波を乗り越え都市間競争に勝ち抜くために、若者の心をつかむ政策立案が今まで以上に問われている。

100歳祝いに100万円！日本一裕福な飛島村

「日本一リッチな自治体」と呼ばれる村が、伊勢湾最北部の飛島《とびしま》村だ。人口は5千人弱だが潤沢な法人税収を背景に、自治体の財政力を示す指標「財政力指数」（2018年度、総務省調査）は全国トップ。小学校1年からの英語教育や、100歳を迎えると祝い金100万円を支給するなど手厚い地域サービスを誇る。

財政力指数は、地方税収など標準的な収入（基準財政収入額）を行政運営に必要な金額で割った値で、過去3年の平均値で求める。1を超えると「富裕団体」と呼ばれ、高いほど懐に余裕がある。全国の市町村の平均は0・51にとどまるが、飛島村は2・18と群を抜く。

源泉は村南部の臨海地区だ。三菱重工業の工場や中部電力の発電所などがある。村の一般

村立の小中一貫校の飛島学園は小学校１年から英語教育をスタートする（飛島村）

会計（18年度決算ベース、62億円）のうち6割を税収でまかなう。固定資産税と法人税が2本柱だ。

財政力指数の上位をみると、2位は青森県六ケ所村、3位は北海道泊村が続く。いずれも原子力発電所関連施設で交付金や税収が多い。愛知ではみよし市や豊田市といったトヨタ自動車グループのお膝元が名を連ねる。

今はリッチな飛島村も歴史をひもとくと、苦難の連続だった。江戸時代の新田開拓を契機に人が集い、農村地帯として歩んだ。沿岸部のため幾多の洪水に悩まされ、1959年の伊勢湾台風では壊滅的な被害を受けた。70年の財政力指数は0・38どまりだった。

転機は高度成長期に訪れた。伊勢湾を工業地帯として埋め立てる構想が浮上し、71年に埋め立て地を村に編入。企業が次々に工場を立て、税収が恵みの雨となった。全国の市町村がほぼ半減した「平成の大合併」では、単独での生き残りを選んだ。02年に近隣の弥富町（現・

弥富市）など2町2村の合併を模索したが、飛島村は反対が74％に達した住民アンケートを尊重した。

村は潤沢な税収を教育や福祉に活用している。村立小中一貫校「飛島学園」の英語教育は全国より早く小学校1年でスタート。村内に住む子どもは中学校2年になると1週間ほど米西海岸にホームステイできる。費用は村持ちだ。

社会保障も手厚い。子どもの医療費は18歳まで医療保険の自己負担額を助成する。名古屋

全国一リッチな愛知県飛島村
（市町村の財政力指数）

1	飛島村（愛知）	2.18
2	六ケ所村（青森）	1.74
3	泊村（北海道）	1.65
4	大熊町（福島）	1.64
5	軽井沢町（長野）	1.56
6	山中湖村（山梨）	1.54
7	浦安市（千葉）	1.52
	武蔵野市（東京）	1.52
9	みよし市（愛知）	1.50
10	豊田市（愛知）	1.49
	田尻町（大阪）	1.49
12	東海村（茨城）	1.44
13	忍野村（山梨）	1.43
14	箱根町（神奈川）	1.42
15	神栖市（茨城）	1.34
	長泉町（静岡）	1.34
	川越町（三重）	1.34
	:	
1741	三島村（鹿児島）	0.06
	全国平均	0.51

（出所）総務省の2018年度地方公共団体の主要財政指標一覧を基に作成。全国平均は東京特別区などを除く

飛島学園は専用の教室を設け、英語教育に力を入れている（飛島村）

市など大きな自治体でも15歳までが一般的だ。結婚祝い金は夫婦どちらかが40歳以下などの条件を満たせば5万円。満100歳になると100万円を贈る充実ぶりだ。

村は名古屋市中心部から高速道路を使えば車で40分ほど。ベッドタウンとして移住が進んでもおかしくないが、人口は4791人（19年4月時点）にとどまる。過去30年で大きな変動がない。

これには理由がある。愛知県が臨海工業地帯を除く村の大半を市街化調整区域に指定。新たな住宅などを原則として建てられない。海抜ゼロメートル地帯が多く水路の整備が欠かせないうえ、農地保護の必要性もあるためだ。

だが、国立社会保障・人口問題研究所によると、村の人口は30年に4千人を割り込み、45年に3278人に減る見通し。

健全な財政を維持しながら、地域の活性化に向け村も動き出した。県の許可を得て16年から18年にかけ宅地区域を初めて分譲したところ、45区画に117件の応募があった。抽選で最大7倍ほどの倍率になった区画もあったという。19年9月の村議会では村内の空き家を移住者向けに活用するよう求める声も上がった。日本一のリッチな村の門戸は開くのか、議論が進みそうだ。

名古屋郊外、人口増で明暗
長久手10%強、春日井横ばい

愛知のベッドタウンで人口の推移に明暗が分かれている。名古屋市とトヨタ自動車の本拠地・豊田市に挟まれた長久手市は直近も5年間で10%強の伸びが続く。一方で、ニュータウンの先駆けだった春日井市は横ばい、豊明市や尾張旭市は減少に転じた。背景には、公園や道路、宅地といった区画整理の巧拙がありそうだ。

愛知の人口は高度経済成長期に飛躍的に伸びた。戦後間もない1950年の国勢調査によると、愛知の人口は339万人と全国5位。東京と大阪はもとより、北海道、福岡より少なかった。

それがトヨタの事業拡大、東海道新幹線や東名高速道路の開通、名古屋港の拡張といった産業と交通、輸出インフラの整備で、75年の国勢調査では4位になった。自動車産業を中心に職を求めて全国から移り住んだ世代が家庭を持ち、第2次ベビーブーム世代（71～74年生まれ）の恩恵も受けやすかった。

春日井市の団地（手前）。奥は名古屋駅周辺の高層ビル群

市町村別にみると、70年から75年で豊明（53・9％）、日進（52・3％）、知多（42・0％）と、名古屋のベッドタウンで増加が目立つ。代表が春日井の高蔵寺ニュータウンだ。約8万人が住む計画で団地や戸建てが中間層の受け皿となった。

しかし、2015年の国勢調査では様変わりしている。春日井の人口増加率は5年間で0・3％どまり。豊明は0・9％と減少に転じている。一方、人口が伸び続けているのが長久手（10・7％）だ。70年に1万1千人だったが、20年に5万9千人と半世紀で6倍近くになった。

明暗を分けた背景について、不動産鑑定士の小森洋志氏は「区画整理の進捗が影響している」と話す。

春日井や豊明ではすでに60〜70年ごろに公園、道路、宅地など大規模な開発を一気に手掛けた。当時は最先端で魅力ある地域だったが、次第に老朽化が目立ち、最初に入居した家族の子ども世代らは周辺の新たな自治体に転居する傾向が強まった。入居の増加が不動産開発を呼び込むという好循環が期待できなくなっている。

高蔵寺ニュータウンでは65歳以上の高齢者が34・9％（19年4月1日時点）に達し、空き家も目立つ。市は商工会議所などと協力し、廃校となった小学校の校舎に図書館やカフェを整備するなど、新たな入居者の呼び込みに知恵を絞る。

人口増で明暗が分かれる

（愛知の主なベッドタウンと伸び率）（%）

自治体（市町）	伸び率（1970〜75年）	伸び率（2010〜15年）
豊　明	53.9	▲0.9
日　進	52.3	4.4
知　多	42.0	▲0.2
東　郷	35.5	2.4
春日井	32.1	0.3
尾張旭	31.0	▲0.4
長久手	28.1	10.7
豊　山	26.1	5.4
阿久比	12.8	9.0
名古屋	2.1	1.4

（注）単位％、▲はマイナス
（出所）総務省の国勢調査より作成

長久手市の住宅街

長久手も他のベッドタウンと同様、70年代から区画整理してきたが、手法はやや異なる。まず名古屋に近い西側で開発が先行した。日本初のリニアモーターカー「リニモ」の開通などを経て、東部を中心に区画整理が本格化したのは2010年前後だ。段階的に「新しい街」をつくり、持続的な人口流入に結びつけている。

ただ、その長久手も2030年代半ば以降には人口が減少に転じるとされる。27年のリニア中央新幹線開業や、リタイヤ層の都心回帰を受け、不動産会社は名古屋市中心部で高層マンションの建設を加速。人の流れはより都心へ向かっているためだ。

愛知県立大学の松宮朝准教授（地域社会学）は「高齢化を見越して開発をコントロールし、若年層の流出を食い止める地域参加型のまちづくりにかじを切るべきだ」と話す。

異色のトヨタ城下町・田原市、「レクサス」だけじゃない

トヨタ自動車のお膝元・愛知。数ある企業城下町の中で異彩を放つのが、県南部の渥美半島に位置する田原市だ。トヨタ本社から約60キロ離れているが、主力拠点として高級車レクサスの生産を担う。市はキャベツやトマトの栽培も名高く、農業産出額は4年連続で全国トップに立つ。近年はサーフィンをいかしたまちづくりで地域の発信力を高めている。

田原では1979年、トヨタの田原工場が操業を始めた。三河湾に面した輸出拠点として、同社のグローバル戦略を支えてきた。経済産業省の工業統計調査によると、田原の製造品出荷額等（2017年実績）は1兆9991億円と、県内ではトップの豊田市、名古屋市などに次いで5位。全国でも上位に入る。

田原市の人口は6万人ほど。比較的小さな地方都市でも、地域の特性を引き出せば高い経済成長が期待できることを裏付ける。法人市民税（18年度決算ベース）は約50億円で、9割ほどがトヨタの関連企業からという。

サーフショップを経営する加藤昌高さんは、サーフィン国際大会の田原市への誘致に尽力した

本社の豊田市から田原まで60キロ離れているものの、当時約300万平方メートル規模の広大な用地が得られるとあってトヨタは進出を決めた。現在はレクサスを中心に多品種少量生産の要諦になっている。

田原のもうひとつの顔は農業だ。大小さまざまな農家が、市内に広がる農地で日本トップクラスの産出高を誇るキャベツやブロッコリーのほか、レタスやスイカを栽培している。ビニールハウスでは菊やバラなどの花き、トマトやメロンの栽培も盛んだ。

幅広い野菜、果物の栽培で農林水産省の市町村別農業産出額（17年の推計）で田原は883億円と、4年連続

田原市は4年連続で
全国トップに

（市町村別の農産物産出額）

順位	自治体	産出額（億円）
1	田原市（愛知）	883
2	都城市（宮崎）	771
3	鉾田市（茨城）	754
4	別海町（北海道）	646
5	旭市（千葉）	581
6	新潟市（新潟）	579
7	浜松市（静岡）	512
8	熊本市（熊本）	457.9
9	豊橋市（愛知）	457.8
10	鹿屋市（鹿児島）	455
11	南九州市（同）	440
12	志布志市（同）	421
13	弘前市（青森）	409
14	香取市（千葉）	403
15	前橋市（群馬）	399
	：	
57	高山市（岐阜）	233
	：	
86	津市（三重）	192

（出所）農林水産省の市町村別農業産出額（推計）を基に作成

で全国1位に立つ。2位は畜産で名高い宮崎県都城市（771億円）で、茨城県鉾田市（754億円）、北海道別海町（646億円）が続く。

田原が農業や企業誘致に熱心な北海道や九州の各市町村を引き離すのは、渥美半島ならではの温暖な気候と恵まれた立地条件だけではない。長年進めてきた水不足の解消対策も一役買っている。もともと渥美半島は大きな河川がなく慢性的な渇水に悩まされていた。1968年の豊川用水の完成を契機に、大規模な生産基盤が整備された。

工業と農業が共存する田原は観光に力を入れようとしている。

そのひとつがサーフィンの名所としての抜群の知名度だ。南側に広がる太平洋ロングビーチは年間を通して安定した波が寄せるという。２０１８年には28年ぶりとなる国際サーフィン連盟主催の世界大会が開かれた。宿泊施設の誘致や宅地開発などサーフィンを核とする街づくり「サーフタウン構想」を進めている。

地域の魅力を磨き続け、弱点は地道に克服する――。田原は潤沢な税収を行政に活用できる一方、財政はトヨタの動向に左右されやすい。08年秋のリーマン・ショック後にトヨタが初の赤字に転落すると、09年度当初予算の田原の法人市民税も豊田市と同様に前の年度から9割あまり減った。工業と農業、観光が地域を相互補完する、新たな企業城下町の姿を模索している。

人口1千人の豊根村、65歳超6割に
介護保険で近隣連携

愛知は若い世代が多い。2045年になっても65歳以上の高齢者比率が33・1%と全国で3番目の低さだ。ただ、自治体ごとにみると5つの町村で同比率が50%を超える。中でも静岡、長野両県に接する東三河の豊根《とよね》村は62・2%と高い。現在の人口は1000人ほど。介護保険事業を周辺自治体と統合するなど、行政サービスの効率化に動き始めた。

豊根は全国でも少子高齢化に直面する有数の自治体だ。面積の9割超が森林で覆われ、村内に駅はない。若い世代がサービス業などで職を得るには車で1時間半ほどかけ、長野県飯田市まで行く必要があるという。

「平成の大合併」がピークだった05年、隣接する富山村を併合した。当時約1500人だっ

た人口は、この15年間で3割ほど急減。80歳以上が22％を占める。国立社会保障・人口問題研究所が18年に公表した「日本の地域別将来推計人口」によると、豊根の高齢化率は45年に東京23区を含む全国約1800ある自治体で62位に入る。

豊根村は80歳以上が2割を占める

同じ東三河の設楽町と東栄町、知多半島に位置する南知多町、美浜町でも同比率が50％を超える見通しだ。5割弱となる新城市は県内で豊田市に次いで面積が広く、横浜ゴムや三菱電機、トンボ鉛筆などが主力工場を構える。足元は県外からも従業員らが移り住んでいる工業都市にも、高齢化の波は容赦なく押し寄せる。

焦点は行政サービスの改革だ。単独ではサービスの質や採算を維持できなくなった社会保障分野を中心に自治体が連携する動きがある。豊根を含む東三河の8市町村では18年4月より、保険料の徴収や介護認定などを一元化する取り組みをスタートした。

東北を中心に4割超が目立つ
（都道府県別の高齢化率、45年推計）

順位	都道府県	高齢化率(%)
1 (1)	秋田	50.1 (16.3)
2 (12)	青森	46.8 (16.6)
3 (23)	福島	44.2 (15.5)
4 (11)	岩手	43.2 (12.8)
5 (7)	山形	43.0 (12.2)
5 (26)	山梨	43.0 (14.6)
7 (20)	北海道	42.8 (13.7)
8 (2)	高知	42.7 (9.8)
9 (13)	長野	41.7 (11.6)
10 (5)	徳島	41.5 (10.5)
	：	
	全国平均	36.8 (10.2)
	：	
45 (45)	愛知	33.1 (9.3)
46 (47)	沖縄	31.4 (11.7)
47 (46)	東京	30.7 (8.0)

（注）順位のカッコ内は15年、高齢化率は%、カッコ内の伸び率は15年比でポイント
（出所）国立社会保障・人口問題研究所の報告書より

豊根には入院できる医療施設がないため、「退院後に受ける介護サービスを他の自治体でも申請できるようになった」（同村担当者）と話す。自治体の枠を超えたグループホームへの入居の動きもあるという。

本来は市町村合併が手っ取り早い道だが、愛知は尾張、西三河、東三河、名古屋、知多の5つで地域性が異なる。

美浜町と南知多町も知多半島南部のため、名古屋や豊田のベッドタウンにはなりにくく、

80年代にはすでに人口が減少。合併を模索したが、新たな自治体名に「南セントレア市」が浮上すると、合併自体が住民投票で否決された。

今のところ、両町とも東三河のような介護や若者の移住促進に向けた連携の動きは乏しい。単独で若い世代を呼びこもうと、南知多は18歳までの医療費を都市部に先駆けて無料化した。美浜は農業と散策を通じて移住を促すツアーを催す。こうした施策がどこまで効果を上げるかは未知数だ。

愛知は東三河地域で高齢化が進む

（市町村別の65歳以上比率2045年推計）

順位	市町村	高齢化率(%)
1	豊根	62.2
2	設楽	55.9
3	東栄	55.8
4	南知多	51.5
5	美浜	50.5
6	新城	48.3
7	津島	44.7
8	飛島	42.8
9	愛西	42.6
10	瀬戸	40.9
	:	
	県平均	33.1
	:	
52	東海	27.4
53	豊山	26.7
54	長久手	26.5

（出所）国立社会保障・人口問題研究所の報告書より

民間の有識者で構成する「日本創成会議」は14年、20~39歳の若い女性が40年までに50%以上減少する「消滅可能性都市」を公表した。愛知では45年に高齢化率が約50%となる6市町村と、日本屈指の財政力を誇る飛島村が含まれた。

日本福祉大学の野口定久教授（地域福祉学）は「島根県は過疎化が進んでいるが、合計特殊出生率が1・8近くまで伸びている。自治体は、若い女性の地場産業での就労や地域と連携した子育て支援などの環境を整える必要がある」と話す。

第５章

ものづくり王国の真実

実は愛知は農業王国！キャベツ生産日本一

自動車をはじめとする産業が集積する愛知県。実は全国有数の農業地帯の顔も持つ。キャベツ、シソ、菊――。これらは全て産出額の全国トップを誇る。2017年の農業産出額3232億円は全国7位だ。北海道や九州に比べると耕地面積は狭いが、治水工事を重ねて水害に立ち向かい、生産量を増やしてきた歴史がある。

「今年は台風の影響が心配だったが、生育が順調でほっとした」。19年11月中旬、田原市の赤佐敏生さん（56）は収穫したばかりのキャベツを手に満足そうな笑顔を見せた。

1981年に県が発行した「愛知県園芸発達史」によると、江戸時代にオランダ人が持ち込んだとされるキャベツが愛知で栽培され始めたのは1887年（明治20年）。現在の名古屋市中川区で「野崎徳四郎氏が、名古屋市、佐藤管右衛門氏より種子の分譲を受けて栽培したのが始まり」との記述があり、全国的にも生産が早かったという。

キャベツは品種によって春系と冬系に分けられるが、愛知で生産されるのは冬系が多い。柔らかい春キャベツは生食に向くが、冬キャベツは堅く締まっている。煮崩れせず加熱すると甘みが増し、鍋に最適だ。

愛知県名産のキャベツは11月ごろから収穫が始まる（田原市）

愛知では11月ごろから翌年の初夏にかけ収穫期を迎える。田原市がある一大産地の渥美半島では、晩秋以降に北西の伊吹山から「伊吹おろし」と呼ばれる冷たい風が吹きつけ始める。風で湿気が少なくなる環境が生産に適しているという。

もうひとつの顔が「花の王国」だ。17年まで56年連続で観賞用植物の「花き」産出額は全国1位だ。全国の2割ほどを占め、2位の埼玉県とは約3倍の差がある。

尾張、三河地方は江戸時代から園芸が盛んな地として知られていた。販売目的の営利栽培が始まったのは大正から昭和

愛知の農産物の全国順位（17年）

	産出額（億円）	順位	シェア（％）
キャベツ	270	1	21.7
トマト	173	3	7.1
シソ	128	1	70.3
フキ	11	1	37.9
イチジク	18	1	27.3
菊	216	1	34.6
洋ラン	60	1	16.5
バラ	25	1	14.0

（出所）県発表の「あいちの農業」を基に作成

初期ごろ。消費地が近い地理的条件と温室などの技術の発展もあり、栽培量を大幅に増やした。

中でも菊は全国の3分の1を生み出す。カギを握るのは昭和初期に開発された「電照菊」と呼ばれる栽培手法だ。照明で人工的に日照時間を調節し、開花時期を遅らせて需要が多い正月や春の彼岸などに出荷できるようになった。「コチョウラン」で知られる洋ランやバラも産出額が全国1位。技術の向上でさまざまな品種が誕生しており、贈り物やブライダル用などで人気を集めている。

なぜ農業が盛んなのか。県内には木曽川、長良川、揖斐《いび》川の「木曽三川」が流れる濃尾平野をはじめとする、肥沃な平地が古来広がる。ただ江戸時代まで3つの川が分流、合流を繰り返しており、たびたび起きる水害が悩みの種だった。

江戸時代に三川の分流工事「宝暦治水」に着手。下流域では抑止に効果があったが、上流域で逆に水害が増えるなど課題を残した。明治期に入ってオランダ人技師、ヨハニス・デ・レーケの指導による治水工事でようやく分離に成功し、水害は劇的に減った。戦後には愛知用水など近代的な大規模用水の整備が進み、水不足に悩んでいた知多地方などにも農地が広がっていった。

それでも愛知の耕地面積は7万5700ヘクタール（17年時点）で、全国16位にとどまる。企業と農家、自治体が協力し、AIを活用した生産管理やドローンによる水散布など、先進技術の導入で生産性を高めようとする取り組みが今もなお続いている。

家族で外食が原因？　野菜摂取量最下位

愛知県民は野菜が嫌い――。カゴメが2018年に実施した都道府県別の野菜摂取量調査で、愛知の1日の平均野菜摂取量は99・5グラムと全国で最も低かった。1位の長野県との差は実に40グラム以上。国民健康・栄養調査（16年）でも、摂取量が成人の男性は全国最下位、女性も下から3番目だった。

「県民性」を研究するナンバーワン戦略研究所の矢野新一所長は「推測だが、愛知は家族で行動する傾向が強く車社会でもあり、外食が多くなって野菜の摂取が減っている可能性がある」とみる。みそカツなど味付けが濃い「名古屋めし」の存在も影響しているといい、「肉と魚をメイン食材にしてご飯が進む味付けが多く、野菜に手が伸びにくいのでは」

野菜はビタミンやミネラルを豊富に含み、健康な体づくりには欠かせない。愛知自慢の野菜に改めて目を向けてはいかがだろうか。

製造品出荷額41年連続トップ！「神奈川＋大阪」も上回る

名実ともに国内トップのものづくり王国・愛知。２０１９年公表の製造品出荷額等（17年実績）は46兆９６８０億円と、41年連続で47都道府県のトップに立ち、２位の神奈川の3倍近く。一県で全国（３１９兆１６６７億円）の14・７％を占め、日本経済のけん引役を担う。

愛知の強みは、ものづくりの総合力だ。経済産業省の工業統計調査（17年実績）によると、調査対象になっている主要業種のうち、輸送機械や鉄鋼など11業種で1位に躍り出ている。製造業の川上に位置する素材から、川中のサプライヤー、川下の最終組み立てまで幅広く集積している。

トヨタ自動車などの生産拡大と相《あい》まって、愛知の製造品出荷額等はリーマン・ショックの影響が深刻だった09年から36％伸びた。１９７７年から41年連続の1位で、２位の神奈川（17兆９５６４億円）、大阪（16兆９９５７億円）を合算してもかなわない。

愛知の持続的な成長を支えたのは自動車産業だ。79年の第2次石油ショックに伴うガソリン価格の急騰で燃費の優れた日本車の評価が世界に広まった。80年には自動車生産台数が米国を抜いて世界一になった。

日本政策投資銀行の塙賢治東海支店次長は「神奈川が首位だった時期は化学・鉄鋼などの素材産業が強かった。石油ショックをきっかけに自動車の競争力が増した」と指摘したうえで、こう続ける。「自動車の付加価値や機能が高まり、愛知を中心に基幹部品などのサプライチェーン（供給網）がより強固になっている」

投入した資金からどれだけ新たな価値を生み出したか示す付加価値額をみても、愛知は13兆６４１５億円でトップ。２位は静岡（5兆９７６８億円）で二輪車や楽器、半導体関連の企業が集積している。

ただ、トヨタを中心にした愛知の産業構造にはリスクも潜む。出荷額等の産業別構成比をみると、全体の56・４％を輸送機械が占める。リーマン前の好況期だった07年（51・３％）

都道府県別の製造品出荷額等
（愛知は神奈川、大阪の合計を上回る）

順位	都道府県	出荷額等（兆円）	順位	都道府県	出荷額等（兆円）
1	愛知	46.9	14	滋賀	7.7
2	神奈川	17.9	15	東京	7.62
3	大阪	16.9	16	岡山	7.6
4	静岡	16.7	17	長野	6.16
5	兵庫	15.6	18	北海道	6.13
6	埼玉	13.5	19	山口	6.1
7	茨城	12.2	20	京都	5.7
8	千葉	12.1	21	岐阜	5.6
9	三重	10.5		:	
10	広島	10.1	45	鳥取	0.8
11	福岡	9.7	46	高知	0.5
12	栃木	9.2	47	沖縄	0.4
13	群馬	9.0		全国合計	319.1

（出所）経済産業省の工業統計表から作成

より依存度は高まっている。輸送機械のうち9割以上を占める車関連は圧倒的な存在感を誇る半面、収益はグローバル景気次第で大きく振れやすい。

リーマン・ショックのように景気が急激に悪化すると、愛知のものづくりには大きな反動減が出てしまう。07年度に40兆4628億円だった愛知の県内総生産（名目）は3年間で16%も悪化。減少率は全国平均（8%）より加速度的なペースで、大企業の多い東京、大阪（と

車産業の集積が愛知の強みだ
(愛知県豊田市のトヨタ自動車元町工場)

もに7%)よりもきつい。

トヨタの業績と愛知の製造業出荷額が、ほぼ比例しているのも特徴だ。同じ期間に当時2・2兆円強の営業利益をあげていたトヨタは一転、09年3月期に初の赤字に陥った。

そのトヨタは足元の業績こそ底堅いが、自動運転や電動化など「CASE」と呼ばれる最先端技術の開発競争で投資が先行している。IT(情報技術)やAIといった異業種との連携がものづくりの課題になるなか、コスト面ではアジア各国・地域との競争が厳しさを増すばかり。愛知のものづくり産業は次の成長ステージを模索している。

ものづくりのバトンをつなげる取り組み

車産業への過度な依存を減らそうと、愛知の政財界は第2、第3の柱として航空宇宙産業

出荷額等は車産業と連動性が高い

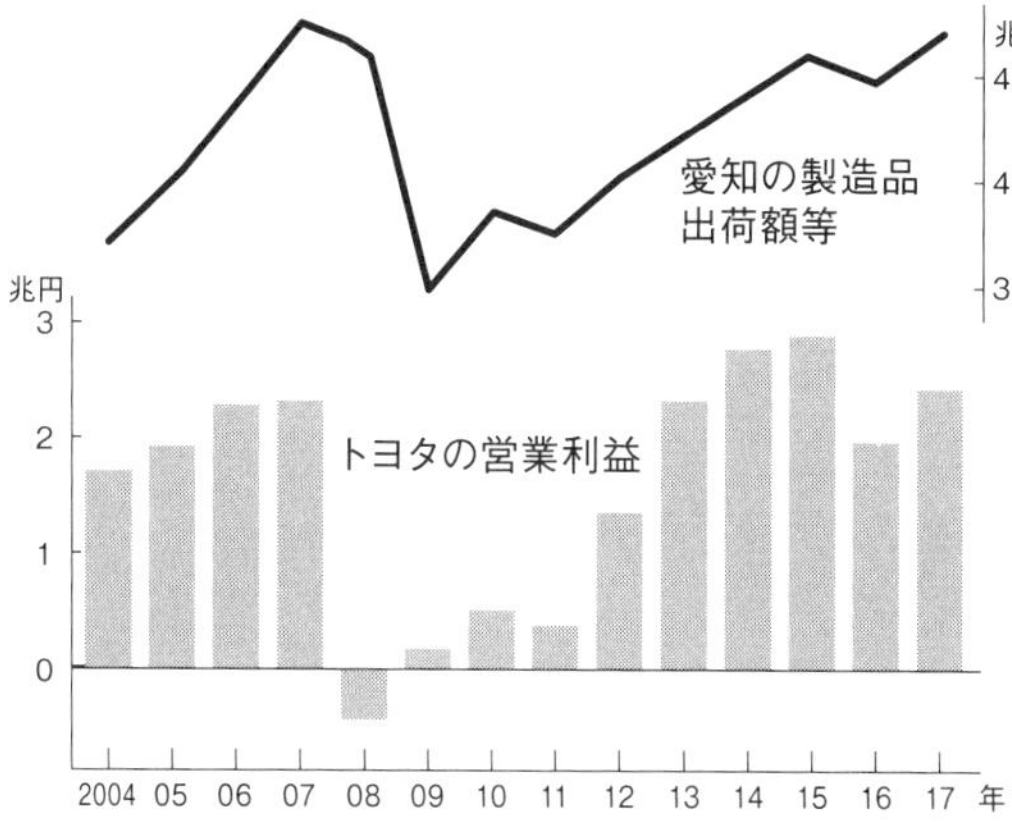

（注）トヨタの利益は各年度の連結決算。製造品出荷額等は暦年ベース

やロボット産業の育成に動く。ただ、期待された三菱航空機（愛知県豊山町）の民間旅客機「スペースジェット（旧ＭＲＪ）」は初号機の納入延期が相次ぐなど、先行き不透明感が強い。

航空機やロボットはサプライヤーも高度な専門技術が求められるため、産業の裾野が広い車関連に比べ市場規模は限られるとの見方がある。愛知経済を支える存在になるには、なお時間がかかりそうだ。

もうひとつのリスクは技能人材の確保だ。帝国データバンクの調査によると、２０１９年４月時点で県内の製造業者の49・７％が「正社員が不足している」と回答した。２年前

（40・2％）から10ポイント近く増え、人手不足が急速に進んでいる実態が見える。

企業に技能人材を送り出してきた工業高校では、入学志望者が減少傾向にある。愛知県によると、第1志望に県立高校の工業科をあげた生徒（推薦選抜合格者を除く）は、15年度の2746人から19年度は2654人に減った。大学全入時代を迎え、県の担当者は「高校で工業や商業といった職業学科より普通科を志望する人が増えているようだ」と話す。

工業高校の可能性を広げようと、愛知県は21年4月から県立工業高校の名称を工科高校に変える方針だ。

ＩＴ技術の進展やグローバル化を踏まえ、ＡＩや、あらゆるモノがインターネットにつながる「ＩｏＴ」など最先端のものづくり技術を学べる学科やコースを新設する。

中小企業には熟練技術の継承に危機感を持つところも多い。県が中小企業や学校に熟練技術者を講師として派遣する「あいち技能伝承バンク」もスタートから1年がたつ。ものづくりのバトンをつなげる取り組みは、愛知経済の未来を占う重要なカギとなる。

名古屋めし、ハデ婚…
独自文化が消費を支える

ものづくり王国、愛知は実は日本有数の商業地の顔を併せ持つ。総務省と経済産業省によると、百貨店や商店などの年間商品販売額（2015年時点）は41兆6564億円と東京、大阪に続くのはもちろん、2011年から2割伸びた。名古屋めし、ハデ婚など独自のサービスや文化を育んできたが、近年は後継者不足に直面している。

年間商品販売額の4位は福岡、5位に神奈川が続く。愛知の販売額は両県の合計にほぼ等しい。愛知の人口が約750万人と、両県の合計約1400万人の半分程度にとどまることを踏まえると、愛知の消費パワーは相当に強いといえる。

愛知は商業関係の事業所数（16年時点、7万7110カ所）、従業員数（同、72万

愛知は福岡、神奈川の2倍近く
(年間商品販売額)

順位	都道府県	販売額(兆円)
1	東京	186.0
2	大阪	55.6
3	愛知	41.6
4	福岡	21.7
5	神奈川	21.0
6	北海道	17.9
7	埼玉	16.9
8	兵庫	14.3
9	千葉	12.5
10	広島	11.8
11	宮城	11.5
12	静岡	10.8
13	京都	7.1
14	群馬	7.0
15	茨城	6.8
16	新潟	6.5
17	長野	5.47
18	栃木	5.41
19	岡山	5.3
20	福島	4.6
21	岐阜	4.4
	:	
26	三重	3.7
	:	
45	高知	1.5
46	島根	1.4
47	鳥取	1.2

(出所) 経済センサス－活動調査　産業別集計 (愛知県版) から作成

愛知の小売の販売額構成比

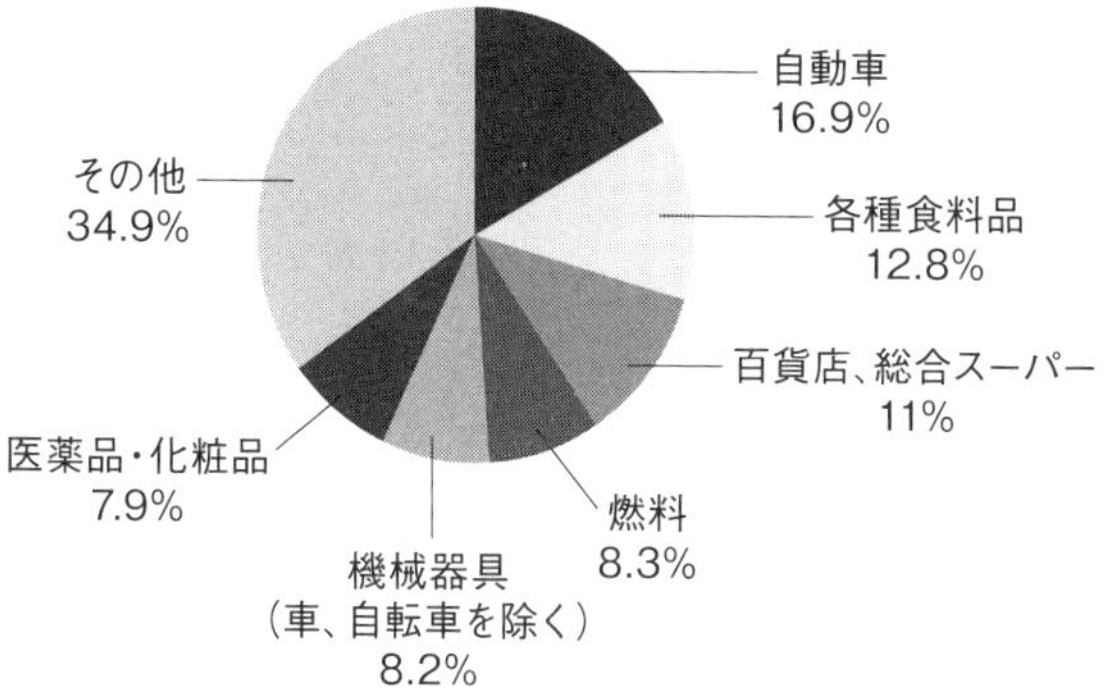

４９７１人）でも全国３位に入る。

業種の裾野も広い。41兆円余の年間商品販売額のうち、小売業と卸売業の比率はほぼ２対８。卸売業は工場向けなどの「機械器具卸売業」と「建築材料、鉱物・金属材料等卸売業」の２業種で20兆円を超える。ものづくり関連の流通・販売網が充実しているためだ。

小売業は１・４兆円の「自動車小売業」をはじめ、「各種食料品小売業」「百貨店、総合スーパー」が各１兆円前後と幅広い業種が支える。

歴史をさかのぼれば、愛知は江戸時代、尾張徳川家が三都（京、大坂、江戸）に次ぐ城下町を形成。各地から腕利きの職人や商人が集まり、衣服や陶磁器、和菓子などが活発に取引されていた。

明治から戦前、戦後にかけては繊維や車産業の活況が人やモノの往来を生んだ。小売店の競争も厳しくなり、コーヒーを頼むと軽食が無料でついてくる喫茶店のモーニングサービスや、甘辛い味付けとボリュームで満腹感を得られる名古屋めしなど、独自の商品・サービスを育んだ。

かつてガラス張りのトラックいっぱいに積み込まれた嫁入り道具に代表されたハデ婚は、普段は堅い財布のひもが「ここぞ」という時には一気に緩む、愛知ならではの消費者心理の一端を示していた。こうした風習が地域の商業を支えてきたことは想像に難くない。

しかし、その土台を支えてきた中小事業者では後継者不足が深刻になっている。帝国データバンク名古屋支店によると、18年1〜12月に愛知で休廃業・解散した事業者は1076件。うち3割を卸売りと小売りが占めた。「特に60代以上の経営者が事業をたたむケースが増えている」（帝国データ）

小売業界では花形だった大型店も生き残りを迫られている。18年6月には業績不振から名古屋市の繁華街にあった百貨店丸栄が75年の歴史に幕を閉じた。豊橋市のほの国百貨店も20年3月、西武百貨店の岡崎店は同年8月にそれぞれ閉店する。

百貨店は市街地のにぎわいの中核拠点だけに、相次ぐ閉店に地元住民の落胆は大きい。米アマゾン・ドット・コムなどインターネット通販の広がりで、業態、地域とも小売業の垣根がボーダーレスになっている。先人と同じように創意工夫で新たな消費・サービスを生み出す力が問われる。

名古屋港の貨物取扱量、国内トップでも上海の3割

愛知の玄関口は名古屋港。貨物取扱量（輸出入と国内輸送の合計、国土交通省調べ）はここ15年ほど国内トップに立つ。ただ、グローバルでみると、中国・上海やシンガポールの3割程度にとどまり、21位まで後退する。

海上輸送は総じて伸びてはいるが、横浜も39位に、神戸は43位に下がっている。代わって台頭してきたのはアジア勢だ。国交省の担当者は「現地の経済成長とともに、港湾取引量が日本国内を上回る勢いで伸びている」と分析する。

中でも中国・上海やシンガポールに加え、広州や青島といった近年拡張された新たな港湾都市の躍進が目立つ。韓国は釜山を北東アジアのハブ港と位置づけ、外資企業から投資を募

世界の主要港湾取扱貨物量（2017年）

順位	港湾名	貨物量（トン）
1 (3)	上海（中国）	7億　600万（2.9倍）
2 (1)	シンガポール	6億2,800万（87%）
3 (14)	広州（中国）	5億1,800万（3.6倍）
4 (10)	寧波（中国）	5億1,400万（3.4倍）
5 (31)	ポートヘッドランド（豪州）	5億　500万（6.1倍）
6 (2)	ロッテルダム（オランダ）	4億6,700万（45%）
7 (21)	青島（中国）	4億6,600万（3.8倍）
8 (13)	釜山（韓国）	3億8,500万（2.6倍）
9 (17)	天津（中国）	3億6,100万（2.7倍）
10 (23)	大連（中国）	3億3,400万（3.1倍）
	:	
21 (8)	名古屋	1億9,600万（24%）
	:	
28 (6)	千　葉	1億6,700万（5%）
	:	
39 (22)	横　浜	1億1,400万（▲3.4%）
	:	
43 (33)	神　戸	1億　200万（29%）

（注）順位、貨物量のカッコ内は2002年の値、変化率
　　　貨物量は一部内国貿易を含む
（出所）国土交通省資料より作成

ってきた。いずれも取扱量は3倍前後に膨らんだ。

大型船が接岸可能な水深16メートル以上の岸壁をみると、２０１９年5月時点で中国の寧波《ニンポー》は３本あり、長さは各１０１０～１７００メートル。釜山に至っては６本で１１００～２０００メートルだ。名古屋港は３５０メートルと４００メートルの2本しかない。

欧米航路は週５便に減った（名古屋港）

海運会社はコンテナ輸送船の運航ルートを大型船が寄港できる港湾に絞り込んでいる。欧米と名古屋を直接結ぶのは19年11月時点で週5便。ここ10年で約４割になった。

企業の戦略が変わった影響も大きい。２０００年代はアジアなど新興国の勃興に加え、円高により日本のものづくり企業は市場の近くで生産する「地産地消」を進めた。02年に３４８万台だったトヨタ自動車の国内生産は、２０１８年は３１３万台に減少した一方、海外生産は２２７万台から５７４万台に急拡大した。

世界の港湾が大競争時代を迎えるなか、名古屋港は新たな一手を打とうとしている。愛知県内の4市1村にまたがり、陸地と船が停泊する水域（泊地）を合わせると124平方キロメートルと、東京ドーム約2650個分に達する。アジア勢に規模では見劣りするとはいえ、「特徴ある港湾」で生き残りを目指す。

名古屋港の輸出は68％が自動車関連で、輸入の54％を液化天然ガス（LNG）などの天然資源が占める。成田空港などに集積する航空貨物は、半導体部品など軽量でリードタイムが比較的短い貨物が多い。関係者は海上輸送は、荷主や積み荷ごとにすみ分けして発展できるとみている。

名古屋港管理組合は19〜23年度の5年間で災害対策なども含め約1130億円の事業費を柱とした中期計画を進めている。既存の埠頭の水深を掘り下げるなどして、大型船の誘致につなげたい考えだ。

国は規制緩和に向け動き出す。名古屋港など国内の主要港では、入港する船の大きさに応じた「とん税」を課しているが、税率を軽減する方向で検討する。実現すれば、改正は半世紀ぶりとなる。

キャリア求め首都圏へ!? 働く女性比率ワースト3位

人材の確保は日本企業に共通の課題だ。ものづくりの盛んな愛知は男性の転入が相次ぐ半面、女性は首都圏に向かう傾向が強い。総務省の住民基本台帳によると、愛知は生産年齢人口（15~64歳）のうち女性の割合が47・9%と低く、47都道府県では茨城、栃木とともに最下位群になる。

少子高齢化により、愛知の生産年齢人口は全体でも468万人（2019年初時点）と、10年前に比べ5万人（1%）減った。東京、大阪に次ぐ経済圏のため人口減少率は全国平均（6%）より緩やかだが、女性比率の減少率に限ると0・33ポイントと、全国平均（0・16ポイント）よりペースが速い。

背景には男女双方の事情が潜む。分かれ目は大学や高校の卒業後だ。愛知は地元志向が強いとされ、18年に県内大学に進学した人のうち、地元出身者は女性が77・4%と全国トップ。男性も65・9%と北海道に次ぎ2位だ。高卒の県内就職率も全国トップで男性95・3%、女性96・6%だ。

卒業後、女性が県外に向かいがちなのは、サービスなど非製造業でより活躍の場を求めて

全国の女性比率ランキング

（15〜64歳の生産年齢人口）

順位	都道府県	女性比率（%）
1	鹿児島	51.21
2	奈良	51.16
3	長崎	50.75
4	宮崎	50.73
5	熊本	50.71
6	福岡	50.67
7	北海道	50.61
8	和歌山	50.54
9	兵庫	50.50
10	佐賀	50.49
	:	
24	岐阜	49.47
	:	
	全国平均	49.27
	:	
36	三重	48.92
	:	
44	埼玉	48.23
45	愛知	47.99
46	栃木	47.93
47	茨城	47.81

（注）2019年1月1日時点
（出所）総務省の住民基本台帳より作成

企業の合同説明会に訪れた学生たち（名古屋市港区）

いるためとみられる。愛知と首都圏1都3県の間で転入者から転出者を差し引くと、ここ5年間で20～24歳の女性は毎年1000人超の転出超過が続いている。

県が18年、18～39歳の女性のうち、かつて首都圏に住み現在愛知にいる202人と、愛知から首都圏に転出した413人の意識を調査したところ、「転職・起業のチャンスが多い」と答えた割合は県民が30・7％に対し、転出者は66・8％と圧倒的な差が付いた。「職業の選択肢が多く、やりたい仕事ができる」も転出者は67・3％だった。

トヨタ自動車グループを中心に全国から愛知の企業に男性が集まり、必然的に地元の女性比率が下がっている面もある。18年の住民基本台帳人口移動報告によると、15～24歳の転入・転出は差し引き4695人の転入超過だった。女性は転入超過だったものの、わずか1695人だった。転出した愛知県出身者らを呼び戻そうと、自治体は知恵を絞る。県が18年、立ち上げた

「TOKYO愛知女子会」は、首都圏の女性向けに愛知の暮らしやすさや雇用機会の広さなどを発信。Uターンを促す。名古屋市はファミリーマートと提携し、20年4月、愛知で初めてコンビニエンスストアに保育所を併設する。

企業側も策を練る。自動車部品製造のAPC（愛知県安城市）では、1時間単位で有給休暇が取得できる。子どもの発熱や市役所への各種届け出など、急用ができた場合に出勤中の社員が対応しやすくする狙いだ。

20年4月には初の新卒女性が入社する予定という。安藤寛高社長は「休みやすくなった分、仕事をカバーできる人材が必要になる。入社後、職場の定着率を高めるのがこれからの課題だ」と話す。

栄える「リトルマニラ」、工場支えるフィリピン籍

日本でフィリピン籍の人が最も多く住むのが愛知県だ。中でも名古屋市中区・栄と新栄の繁華街周辺は「リトルマニラ」と称される。その謎を解くため記者が海を渡ったところ、ものづくりや商業が盛んな愛知の魅力がフィリピンの人々を引き付け、コミュニティーが形成されていった歴史が見えてきた。

2019年末、マニラ首都圏に属し、ビルが林立するマカティ市を訪れた。繁華街を歩くと日本で就労経験がある人に頻繁に出会った。一様に口にするのが「愛知には同胞が大勢おり、友人もできた」という思い出だ。

約10年前に栄の飲食店で働いた女性（34）が忘れられないのが手羽先の味。仕事に追われ

る中、「名古屋めし」に心身を癒やされたという。「当時の同僚は日本人と結婚して今も名古屋に住んでるよ」とほほ笑む。

同じく首都圏のカローカン市で日本語学校を営む後藤ウィメリンさん（46）は1993年に来県した。日本人と結婚して岡崎市に20年以上住み、今も自宅は同市内。現在は祖国に単身赴任中だ。10〜40代の約30人の生徒に「日本でチャンスをつかみなさい」と渡航を促している。ジョアン・ガラルドさん（43）は「愛知に行って介護分野で活躍したい」と話す。

後藤ウィメリンさんは、経営する日本語学校の生徒に日本への渡航を呼びかける（2019年、フィリピン・カローカン市）

法務省によると、19年6月末時点で日本に住むフィリピン籍の人は都道府県別で愛知が3万8479人とトップ。市町村別では名古屋市の9481人、豊橋市の3791人の順だ。愛知にはブラジル籍や中国籍も多く、戦後しばらくは韓国・朝鮮籍が最多だったが、

愛知に住むフィリピン籍は右肩上がり（各年末時点の県内在住者）

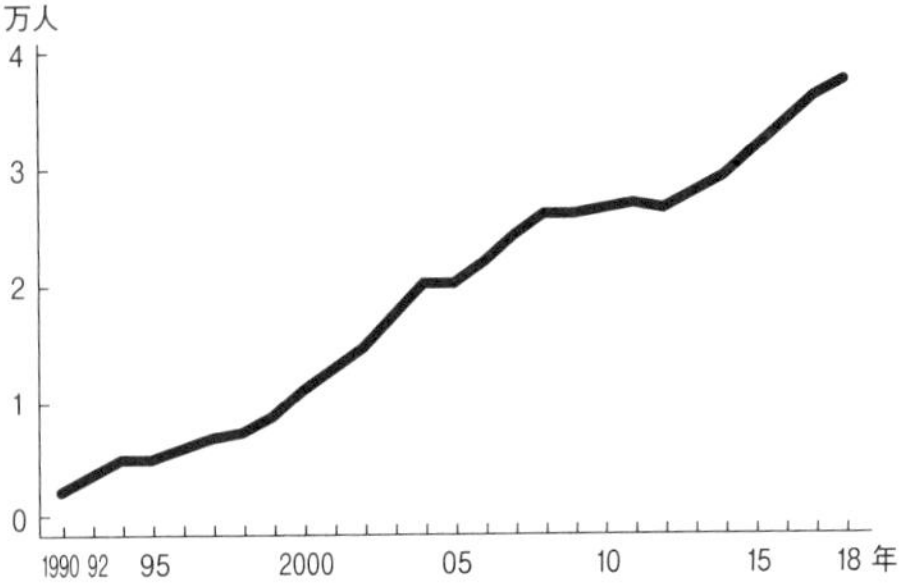

（出所）法務省の在留外国人統計より作成

2000年以降に急増したのがフィリピン籍だ。

なぜなのか。在日フィリピン人の研究をしている静岡県立大学の高畑幸教授（都市社会学）は、移民として渡った日本人の子孫「日系人」の影響があると説明する。

バブル期の人手不足で外国人労働力の需要が高まり、政府は90年、日系人の子と孫を対象に就業制限のない新たな在留資格「定住者」を設けた。戦前からのフィリピンへの移民は最盛期に約3万人に達したとされ、子孫がものづくりや商業が盛んな東海地方へ工場労働者などとして00年以降に大挙移り住んだという。

「フィリピンは大家族の世帯が多く、一族で来日したケースも目立つ」（高畑教授）。静岡に住むフィリピン籍の人も19年6月末時点で全国6位の約1万7千人だ。

バブル期に来日し、飲食店で働く女性が多かったことも背景にある。地元関係者によると、中区・栄には90年ごろにフィリピン風の店が100軒ほど並んだ。特に栄4丁目の池田公園周辺はマニラの繁華街のような雰囲気になり、「リトルマニラ」と呼ばれるようになったという。その後も来日して周辺で働く人が継続的に増え、中区のフィリピン籍の人は名古屋市最多の約2千人に上る。

フィリピンはキリスト教徒が大半のため教会でタガログ語のミサが開かれるようになり、同胞の支援団体の設立が相次ぐなど次第に県内でコミュニティーの形成が進んでいった。最低賃金が全国4位の926円（19年度）と高い一方、首都圏より家賃が安い点も魅力になっているとみられ、「名古屋を含む愛知全体がフィリピン人にとって住みやすい街となり、引き付け続けている」（高畑教授）と言えそうだ。

母親がフィリピン出身で布池《ぬのいけ》教会（東区）に長年通う水野恵利さん（32）は「仲間と会えて癒やしも得られる教会が数多くあり、製造業を中心に働き先も豊富。環境の良い愛知は大好きです」と笑った。

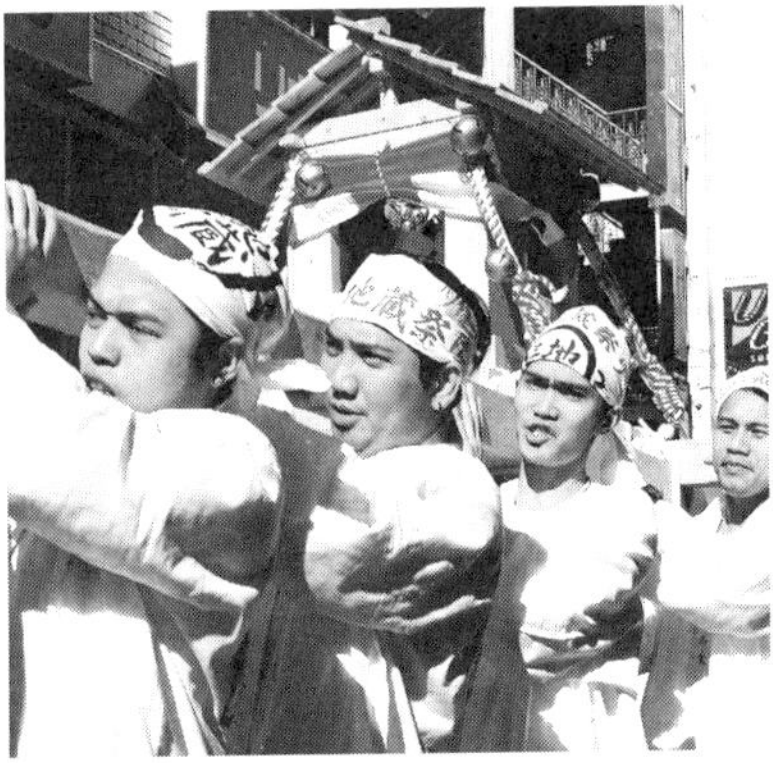

栄東部地区の秋祭りでみこしを担ぐフィリピン籍の男性ら（2019年11月、名古屋市中区）

「共生」へ地元も協力

名古屋市中区栄の東部地区の町内会で組織する「栄東まちづくりの会」によると、同地区周辺でフィリピンコミュニティーが形成されていった1990年代後半には、ゴミの出し方などを巡って地元住民とのトラブルもあったという。

その後、同会が中心になってゴミ出しルールをタガログ語でまとめた冊子を配布するなど、「共生」に向けた取り組みを推進。現在は多くのフィリピン人が地元の池田公園を自主的に掃除し、祭りに参加して共にみこしを担ぐほどまで溶け込んだ。同会の田端龍会長は「お互いが住みやすい街をこれからもつくっていきたい」と話す。

第6章

「名古屋飛ばし」はなぜ起こる⁉

宿泊客は「乗り継ぎ」中心？

日本のほぼ中心に位置する愛知。東京や大阪、北陸へアクセスの良さが光る半面、経由するだけの「名古屋飛ばし」が指摘されて久しい。訪日外国人（インバウンド）の取り込みも道半ばだ。

観光庁が全国の宿泊施設を対象にした宿泊旅行統計調査によると、2018年に愛知に宿泊した人は、日本人と外国人合わせて延べ1701万人だった。全国平均（1145万人）を上回るが、三大都市圏にもかかわらず10位にとどまる。

首位の東京（6611万人）は別格としても、上位には北海道や沖縄などの観光地が目立つ。5位の千葉は東京ディズニーリゾート、7位の静岡は富士山が呼び水になっている。愛

宿泊旅行統計調査

（2018年実績）

延べ宿泊者数（万人）	
①東京	6,611
②大阪	3,990
③北海道	3,531
④沖縄	2,679
⑤千葉	2,559
⑥神奈川	2,302
⑦静岡	2,186
⑧京都	2,045
⑨長野	1,832
⑩愛知	1,701
：	
：	
：	
全国平均	1,145
：	
⑲三重	890
：	
㉖岐阜	685
：	
：	
㊻奈良	257
㊼徳島	222

5年間伸び率（%）	
①大阪	67.0
②神奈川	36.7
③沖縄	28.8
④千葉	25.4
⑤東京	25.1
⑥福井	24.7
⑦広島	24.6
⑧山梨	24.3
⑨埼玉	23.6
⑩石川	22.5
：	
⑮愛知	16.0
：	
全国平均	15.4
：	
：	
㉑岐阜	13.3
：	
㊹三重	▲8.1
：	
㊻島根	▲9.0
㊼群馬	▲9.1

（出所）観光庁の宿泊旅行統計調査を基に作成

知の宿泊客はビジネス出張や他都市への乗り継ぎが中心の可能性が高い。

この傾向は、同じ統計調査が示す2つの結果からも読み取れる。ひとつは各施設の稼働率だ。愛知はビジネスホテルの稼働率では77・7％と全国平均を上回る。リゾートホテルは53・8％、旅館も34・8％と、全国平均を4～5ポイント下回る。

調査では宿泊施設ごとに「観光レクリエーション」と「出張・業務」の宿泊者の割合も開示している。全国平均では両者が五分五分だった。愛知は観光レクリエーションが出張・業務の3分の1程度にとどまる。

名古屋城を観光する外国人ら（名古屋市中区）

27年にリニア中央新幹線が開業すれば、名古屋と東京・品川は約40分で結ばれる。名古屋は日帰り圏としての立地が一段と強まりかねない。金城学院大学の佐藤久美教授（国際情報学）は「人を呼び込むアイデアがなければ、リニア開通で首都圏に人が流れる動きはさらに加速する」と話す。

課題は訪日客まで取りこぼしかねないことだ。名古屋市内では11年にオープンしたJR東海の「リニア・鉄道館」に続き、テーマパークの「レゴランド・ジャパン」や木造復元された名古屋城本丸御殿の公開など、新たな観光施設の整備が続いた。

中部国際空港周辺に立ち並ぶホテル（愛知県常滑市）

しかし、国内の他都市との競争は一段と厳しい。訪日客が増え始めた5年前に比べると、愛知は延べ宿泊者数の伸びが全国平均並みの16%だ。伸びが目立つのは福井や石川で、15年の北陸新幹線開業で東京から直通で北陸につながったのが大きい。広島は16年、米オバマ大統領（当時）の被爆地訪問で世界の注目がさらに高まった。

訪日客もリピーターや欧米富裕層とともに、滞在型観光が増えつつある。愛知県は20年までに日本人を含む観光客の滞在日数を1・70泊と、18年実績の1・31泊から増やす計画を描く。

中部3県では岐阜の延べ宿泊者数の伸び率がほぼ全国並みの21位、三重は44位だった。高山や世界遺産の白川郷、16年に主要国首脳会議が開かれた伊勢志摩など、全国有数の観光地がひしめく。誘客に向け、地域の垣根を越えた連携が試される局面だ。

「トヨタ」は知っていても「アイチ」は知らない外国人

愛知を訪れる外国人は団体ツアーが多い。滞在が短いため、地域に落とすお金も限られる。

観光庁の訪日外国人消費動向調査によると、観光・レジャー目的で愛知を訪れる人のうち、団体ツアーは59・7%と、個人手配を大きく上回る。団体ツアーが50%を超えるのは全国で愛知と静岡、富山、山梨の4県だけだ。

こうした団体ツアーは個別手配に比べて複数の都道府県を訪れるケースが多い。そのため「愛知への訪問がツアーの一環となり、滞在が短くなっている可能性がある」（観光庁）という。

滞在日数と地域に落ちるお金はほぼ比例する。観光・レジャー目的で愛知を訪れた外国人

訪日外国人の旅行中支出
（1人1回の旅行での消費額、万円）

1	北海道	9.1
2	東京	8.7
3	沖縄	7.1
4	大阪	6.0
5	福岡	5.4
6	新潟	4.7
7	鹿児島	4.7
8	香川	4.3
9	愛知	3.9
10	福島	3.7
	：	
23	三重	2.4
	：	
32	岐阜	2.0
	：	
46	千葉	1.1
47	奈良	0.5

（出所）観光庁の訪日外国人消費動向調査を基に作成

が旅行中に支出するのは1人あたり3万9707円（2018年）と、全国9位だった。トップの北海道、2位の東京の半額以下にとどまる。北海道と東京は団体ツアーの利用率も、それぞれ39・1％、22・3％と愛知より低い。

こうした地域は2度以上の訪日経験を持つリピーターが多い。リピーターは滞在型の観光を満喫するため、旅行支出の内訳も、その土地ならではの体験型コト消費に偏る傾向がある。

半面、愛知を訪れた外国人の支出をみると、買物代が62％と突出する。宿泊費は18％、飲食費は16％にとどまる。全国ベースでは買物代が4割程度で、宿泊費は20％を超える。ツア

旅行中支出の内訳

（愛知県を訪れた外国人、2018年）

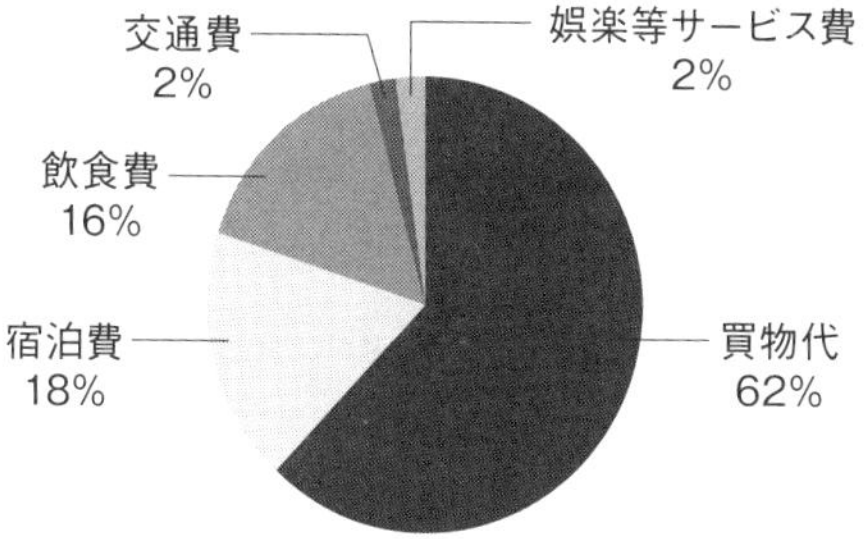

（出所）観光庁の訪日外国人消費動向調査より

ーの一環で愛知に立ち寄っても長く宿泊するのは少数派で、県外の目的地に向かう外国人の多さが浮かぶ。

とはいえ、愛知県内に宿泊する外国人の数自体は近年で大きく伸びている。観光庁によると、18年の県内の外国人延べ宿泊者数は２８５万２３０人で、13年の２・５倍になった。全国で８位だ。

国・地域別では中国が49％と最も多く、台湾（10％）、香港と韓国（各６％）、タイ（５％）とアジア圏が多い。背景には、アジアの経済成長に伴う所得増や日本政府のビザ発給要件緩和があるとみられる。中国が目立つのは、「中部空港と中国各都市を結ぶ直行便が増えた影響が大きいようだ」（県国際観光コンベンション課）。

県はこうした外国人に少しでも長く滞在してもらお

うと動いている。19年6月から「愛知県多言語コールセンター」を設け、9つの言語で電話通訳や翻訳サービスを提供している。中国語やフィリピンのタガログ語、ポルトガル語など幅広い。

海外では「トヨタ」は知っていても「アイチ」を知らない人はまだ多いという。県は8月、中国旅行サイト最大手の携程旅行網（シートリップ）と協定を締結。約3億人の登録ユーザーを抱える同社のサイトなどを活用し、愛知の魅力的な観光情報などを発信していく。タイや韓国、台湾などでは観光促進イベントを開いている。

観光人気は高速PA、中部空港…名古屋は「車」で楽しむ

愛知の観光施設は名古屋城からテーマパークのレゴランド・ジャパンまで幅広い。ただ、直近の客足をみると、トップは刈谷ハイウェイオアシス、2位は中部国際空港とインフラに付随した施設が目立つ。県は2022年にアニメ制作会社スタジオジブリの作品をモチーフにしたジブリパークを新設するなど、新たなにぎわいの創出に動く。

刈谷ハイウェイオアシスは伊勢湾岸自動車道の刈谷パーキングエリア(PA)に隣接しフードコートや観覧車、天然温泉などを備える。三菱UFJリサーチ&コンサルティングによると、18年度は848万4千人が訪れた。高速道路の休憩利用に加え、一般道からも入場できるアクセスの良さが売りだ。

刈谷ハイウェイオアシスは多くの家族連れが訪れる

中部空港では18年10月、複合商業施設フライト・オブ・ドリームズ（ＦＯＤ）が開業し集客に弾みが付いた。米ボーイング７８７型機を間近に見られるのが人気だ。19年8月には空港直結の県国際展示場（アイチ・スカイ・エキスポ）もオープン。海外からの品物に税金を課さない常設の保税展示場で商談会や催事に幅広く使える。

道路や空港に付随したレジャー施設の人気は、愛知のマイカー社会とも関係が深い。いずれも郊外にありながら、高速道路に直結している。車だと目的地まで時間と距離をさほど気にせず楽しめる。複合型リゾート施設、ラグーナテンボス（蒲郡市）は静岡に近い立地にもかかわらず、２８７万人を集めた。

一般財団法人自動車検査登録情報協会によると、19年9月末時点の愛知の乗用車保有台数は４２２万台と、全国で最も多い。全国の保有台数の７％を愛知で占め、２位の埼玉（３２３万

主要レジャー施設の集客数

(2018年度)

万人

1	ナガシマリゾート	三重	1,550
2	刈谷ハイウェイオアシス	愛知	848
3	中部国際空港セントレア	愛知	747
4	国営木曽三川公園・河川環境楽園自然発見館	岐阜	462
5	ナゴヤドーム	愛知	460
6	ラグーナテンボス	愛知	287
7	名古屋市東山動植物園	愛知	254
8	JAあぐりタウン　げんきの郷	愛知	239
9	名古屋城	愛知	220
10	名古屋港水族館	愛知	210
11	鈴鹿サーキット	三重	206
12	豊田スタジアム	愛知	177
13	名古屋市国際展示場	愛知	174
14	大高緑地	愛知	168
15	愛・地球博記念公園	愛知	166
16	国営木曽三川公園・138タワーパーク	愛知	159
17	名古屋市科学館	愛知	135
18	刈谷市交通児童遊園	愛知	126
19	養老公園	岐阜	124
20	志摩スペイン村	三重	121

(注)ナガシマリゾートは18年1～12月
(出所)三菱UFJリサーチ&コンサルティングの調査を基に作成

台）を大きく引き離す。

しかし、愛知は東京、大阪に比べると目玉となるレジャー施設は少ない。トップのハイウェイオアシスの集客には高速道路の移動中に休憩で立ち寄った人が含まれる。中部空港のＦＯＤやナゴヤドームも純粋なレジャー施設として見た場合、中部圏の集客数トップで１５５０万人が訪れたナガシマリゾート（三重県桑名市）の背中はなお遠い。

27年のリニア中央新幹線の開業をにらみ、愛知では大規模集客施設の新設が相次いでいる。17年に開業したレゴランド・ジャパンは集客数を公表していないが、子どもから大人まで楽しめるアトラクションで家族連れなどを呼び込んでいる。20年度以降は子ども向け職業体験施設「キッザニア」が進出する。

県もにぎわいの場の創出に動き出す。スタジオジブリなどと22年、愛・地球博記念公園内に「となりのトトロ」などの世界観を再現する「ジブリパーク」を開業する。県がパークの事業主体として施設を整備し、ジブリが事業全体の企画監修を担う。

愛知の新たな顔となるにぎわいの拠点は地域の起爆剤となるとともに、施設ごとの優勝劣敗がはっきりする。愛知の観光も大競争時代に入る。

列島ど真ん中の存在感を高めるには…

中部の観光振興が岐路に立っている。2020年の東京五輪・パラリンピック、25年に大阪で55年ぶりに開かれる日本国際博覧会（大阪・関西万博）に向け、中部は「列島ど真ん中」の存在感をどう高めるか。有識者4人に聞いた。

「1割経済圏」伸ばす——日本政策投資銀行東海支店長 南 史一氏

愛知、三重、岐阜、静岡の4県は「1割経済圏」と呼ばれる。面積で全国の約8%、人口で約12%、域内総生産では13%程度を占めるためだ。自動車関連を中心に製造品出荷額は全国の約25%と屈指の高さだが、中部の地域経済にとって観光を中心に交流人口を増やす意義

日本政策投資銀行東海支店長

南 史一氏

みなみ・ふみかず　1991年東大卒、日本開発銀行（現日本政策投資銀行）入行。都市開発にも携わり2019年から現職。出身地でもある名古屋勤務は4回目。

は大きい。

愛知の強みは、自動車関連企業などを定期的に商談で訪れるビジネスパーソンの層が厚いこと。リニア中央新幹線の開業を見すえ、ホテルをはじめ宿泊業の不動産投資が活発になっている。宿泊施設の増加に客室稼働率が持続的についてくるかを注視している。

観光の振興には客数の伸びとともに、消費単価の引き上げという質の面も考えるべきだろう。外資系高級ホテルの誘致は課題のひとつ。都市のブランド力がより高い京都などに先んじられている面もある。

誘客策きめ細かく
——愛知県観光コンベンション局長　藤田昇義氏

愛知県は「あいち観光戦略」として2016～20年度までに6

愛知県観光コンベンション局長
藤田昇義氏
ふじた・のぶよし　1982年京大卒、愛知県庁入庁。政策・企画部門が長く障害者雇用の推進にも携わった。産業労働部労政局長などを経て2019年から現職。

つの目標を掲げて幅広い政策を進めている。国際会議の開催が目標の200件に近い水準で推移するなど成果が出ているが、課題は「滞在日数1・70泊」と「観光消費額1兆円」だ。現状は1・31泊、7593億円だ。

特に欧米からの誘客に力を入れている。愛知に高級ホテルを建てる事業者に補助金制度を設けるなど「中の受け入れ」と、海外の映画館で愛知のCMを流すなど「外への発信」を両輪で行う。

26年に愛知でアジア競技大会が開かれる。ムスリム圏から来県者も近年増えており、食事や礼拝場所の確保といったきめ細かな対応で需要を取り込む。国内向けには全国でJR各社とPR活動を展開したところ、旅行会社の扱う商品が出張ビジネス向けから観光関連に広がってきた。

金城学院大学国際情報学部教授
佐藤久美氏
さとう・くみ　2009年名古屋大大学院で博士号（学術）。英文雑誌編集者などを経て12年から現職。名古屋市の名古屋駅周辺まちづくり推進懇談会委員。

ものづくり文化発信
——金城学院大学国際情報学部教授　佐藤久美氏

２０２７年のリニア中央新幹線開業で名古屋駅前には広場が整備される。国内外から訪れる人がここにとどまりたいと思える仕掛け作りが観光振興のカギになる。この地域にはものづくりのＤＮＡがあり、それを駅前で見せるべきだ。

例えば、名古屋駅付近では毎年10月、からくり人形を備えた山車《だし》の祭りがある。実際に見てみたいと思えるように、デジタル技術を駆使して人形や山車の迫力のある動きを伝えてはどうか。ものづくりの歴史をもっと知りたいと意欲もかき立てられるはずだ。

愛知は魅力がないのではなく、まだ広く知られていないだけ。日本に関心が高い外国人は情報に飢えている。日本人独特の「察してもらう」という文化は海外では通用しない。地域から自分自身で積

日本航空（JAL）中部地区支配人
五百旗頭 義高氏
いほきべ・よしたか　1985年上智大卒、日本航空入社。マイレージサービスや欧州・中東・アフリカ地区支配人兼ロンドン支店長などを経て2019年から現職。

極的に情報を発信できる人材の教育、育成も大切になる。

オール中部で連携へ
――日本航空（ＪＡＬ）中部地区支配人　五百旗頭 義高氏

中部から自社の国際線は中国、アジアを中心に5都市に就航している。乗客は日本人が約7割に対し、外国人は3割程度で伸びしろが大きい。格安航空会社（ＬＣＣ）の相次ぐ乗り入れで旅客需要の裾野は確実に広がっていく。フルサービスキャリア（ＦＳＣ）は富裕層や出張客を中心にすみ分けは可能だ。

リニア中央新幹線の開業で名古屋は訪日客のゲートウェイ（玄関口）としてさらに高いポテンシャルを備える。羽田、成田空港から入り、観光やビジネスの拠点を陸路で移動して中部空港から出るという流れができる。

欧州の駐在経験から観光は歴史、自然、食、宿泊施設、四季という5つの要素が大事だと感じている。中部の潜在的な魅力は高いが、欧米人は県単位ではなく地域全体を面で捉えて移動する。オール中部で官民や地域どうしの連携が重要だ。

第7章

名古屋の生活・暮らし

名古屋の地下鉄、「なんだか狭い」に秘められた歴史

毎日134万人を乗せて走る名古屋市営地下鉄。仕事や観光に欠かせない中心部の大事な交通網だが、東京や大阪の地下鉄と比べて狭く感じる人も多い。「やや小さな車両」の理由を探ると、開業当時の厳しい財政状況や路面電車「市電」の技術が影響していた。60年間で6路線93キロに広がり利便性が高まる一方、駅の老朽化対策が「都市力向上」のカギを握る。

「目立って乗客が多い時間帯でなくても、なんだか混んでいるような気がする」。地下鉄東山線で通勤する名古屋市名東区の男性会社員(32)は不思議そうに語る。東京から移り住んで2年。以前乗っていた東京メトロ丸ノ内線も混み合っていたが、名古屋の地下鉄は手狭に感じるという。

1957年に開業した東山線は名古屋駅や栄のオフィス街と住宅地を結び、1日の利用者が最も多い路線だ。ドア付近に乗客がとどまりがちなマナーの問題を「混雑」の理由に挙げる声もあるが、実は東京の地下鉄などと比べて、車両が小さく設計されている。

混雑する名古屋市営地下鉄東山線の名古屋駅

東山線の車両の幅は約2・54メートルで、東京・丸ノ内線の主な車両（約2・83メートル）より30センチほど狭く、車高も5センチほど低い。東京メトロの多くの路線は丸ノ内線とほぼ同サイズで、大阪メトロ御堂筋線の幅も約2・89メートルだ。狭いことで知られる都営地下鉄大江戸線（約2・5メートル）並みといえる。

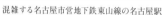

なぜ車両が小さいのか。59年に市がまとめた「名古屋市高速度鉄道建設史」によると、戦後の緊縮財政で国からの予算が限られ、50年に始まった朝鮮戦争の影響で建設資材が高騰していた。

市は少しでも建設コストを抑えるため、先行した東京や大阪

名古屋市営地下鉄の乗降人数

順位	駅名	人数	路線
1	名古屋駅	199,883	東、桜
2	栄駅	110,484	東、城
3	金山駅	82,964	城、港
4	伏見駅	48,448	東、鶴
5	矢場町駅	31,656	城
	:		
87	妙音通駅	2,069	城

（注）2018 年度の 1 日当たり。
東：東山線、桜：桜通線、城：名城線、鶴：鶴舞線、港：名港線

よりもトンネルの断面を小さく設計。それに合わせ車両も小さくなった。資金難で停滞していた建設計画がコスト抑制で動き出し、国の財政支援につながるメリットもあったという。

当時走っていた路面電車「名古屋市電」の長所を生かす積極的な狙いもあった。小型で軽量化された市電は騒音や振動を減らす技術に優れ、「無音電車」と呼ばれるほど静かだった。地下鉄にもこの技術を応用。市電は74年に全面廃止になったが、車両の特長は地下鉄に受け継がれている。

65年には名城線が開通。街の発展に伴って名港線や鶴舞線、桜通線、上飯田線が順次でき、私鉄との乗り入れが増えてより便利になった。地下街の整備も並行して進み、名古屋駅「サンロード」や栄駅の

地下街は国内屈指の面積を誇る。

東山線誕生から60年が過ぎ、6路線99駅のうち17駅が半世紀以上前の開業だ。「駅を明るくして」などの要望が寄せられており、地下鉄の収支も改善していることから、市は2019年度から老朽化した駅の全面刷新に乗り出した。すでに千種駅（千種区）、上前津駅（中区）で照明の見直しや壁色の変更などに着手し、栄駅や金山駅の改修も検討している。

担当者は「繁華街の栄は名古屋の顔として、中部国際空港へのアクセスが良い金山は海外との窓口として、個性的な駅にしたい」と意気込む。19年12月には伏見駅構内に初の駅ナカ施設「ヨリマチFUSHIMI」がオープンするなど、積極投資で駅の利便性を高めて「ナゴヤの都市力」の向上につなげたい考えだ。

バリアフリー化や訪日外国人に分かりやすい駅づくりも求められるが、中長期的には少子高齢化で利用者が減ることは避けられない。市営地下鉄の経営に詳しい名古屋大学の加藤博和教授（公共交通政策）は「街の魅力を高めて利用者を増やす必要がある。とりわけ栄地区の再開発が重要。遊休地を有効活用し、名古屋駅から栄に向かう人の流れをつくるべきだ」と指摘している。

貯蓄は1854万円、手堅く年収の2・68倍

日本列島を西に行くほど商品・サービスの価格にシビアで、お金に堅実な県民性が鮮明になる――。こんな通説を裏付けるようなデータが、総務省の全国消費実態調査だ。2014年、2人以上の世帯別に貯蓄額が年収の何倍にあたるかを調べたところ、47都道府県のトップは和歌山で3・03倍（貯蓄額は1743万円）だった。

2位以下は香川、奈良、山口などが続いた。下位には東北が目立つなど、貯蓄への関心は「西高東低」の傾向がある。

愛知は年収比率9位と全国のトップ10に入り、貯蓄額は年収の2・68倍だった。貯蓄額は1854万円と、経済規模に準じて東京（1969万円）、神奈川（1905万円）に次ぐ

3位だが、貯蓄と年収の比率をみると東京は2・57倍で15位まで後退する。愛知は全国でも貯蓄額と対年収比率が絶妙にバランスしている。手堅い県民性の一端を示しているといえそうだ。

貯蓄に回す余裕が生まれるかどうかは、生活コストの低さも関係している。愛知は光熱・水道代が月2万870円と全国平均（2万967円）並みで家賃相場は東京の半分以下とされる。一方、製造業を中心にしたサプライチェーン（供給網）が根付いている。安定した雇用が家計を支え、愛知では年収に対する1カ月の消費支出が4・4％と、小幅ながら全国平均（4・6％）を下回る。

愛知県の貯蓄年収比率は9位

貯蓄への関心は歴史的に見ても高い。愛知の年収は14年時点で690万円と、リーマン・ショックの影響もあり10年間で70万円以上下がったにもかかわらず、貯蓄額は横ばいを維持している。同じ生活レベルを保つには、本来ならば貯蓄を切り崩しても

都道府県別の貯蓄年収比率

（貯蓄志向は「西高東低」に）

順位	都道府県	貯蓄年収比率（倍）	貯蓄額（万円）
1	和歌山	3.03	1,743
2	香川	2.93	1,773
3	奈良	2.90	1,800
4	山口	2.85	1,647
5	広島	2.79	1,716
6	神奈川	2.78	1,905
7	兵庫	2.73	1,677
8	岡山	2.69	1,656
9	愛知	2.68	1,854
10	島根	2.66	1,655
	:		
12	三重	2.63	1,724
13	岐阜	2.59	1,682
	:		
	全国平均	2.45	1,564
	:		
45	鹿児島	1.76	944
46	青森	1.62	864
47	沖縄	1.21	573

（注）2014年の2人以上世帯。
貯蓄年収比率は倍、貯蓄額は万円
（出所）総務省の全国消費実態調査より作成

おかしくない地合いだ。

三菱ＵＦＪリサーチ＆コンサルティングの塚田裕昭主任研究員は「トヨタ自動車などの優良企業が多くもともとの所得水準が高いうえ、手堅い、堅実という県民性が色濃く出ている」と分析する。

愛知ならではの堅実性と裏腹に想起されるのが「愛知県民は倹約家＝ケチなのではないか」という見方だ。江戸時代に尾張徳川家が財政難から徹底した倹約を勧めた名残が今でも残っているとの指摘もある。

ただ、メリハリのきいた消費センスは全国でも際立つ。全国消費実態調査によると、外食費用は月1万6千円と東京に次ぐ高さ。喫茶店などのモーニング、ひつまぶしやみそカツに代表される名古屋めしも家族で楽しむ傾向が強い。子どもの習い事や旅行にかける教養・娯楽関連は年収比5・8％と、全国平均（5・6％）をわずかに上回る。

一般社団法人日本旅行業協会によると、18年には愛知県民のうち16・5％が海外に向かったが、その比率は全国で7位の高さだ。

19年には中部国際空港に格安航空会社（LCC）専用ターミナルがオープンし、アジア方面が一層身近になった。人材確保のため働き方改革に前向きな企業が増えていることと相まって、長期休暇に海外に向かう人が増えそうだ。お金の循環が地域経済を底上げする効果も期待されている。

貯めたお金、有価証券に16・1％、東京・神奈川に次ぐ高さ

貯めたお金は株式や債券、投資信託などの有価証券に向かっている。貯蓄額の大きな大都市圏ほど顕著な傾向で、2014年の全国消費実態調査によると、愛知は貯蓄額の16・1%を振り向けている。東京、神奈川に次ぐ3位の高さだ。

名古屋銀行の担当者は「08年秋リーマン・ショック後に買った10年国債が足元で満期を迎えている。AI関連などのテーマ型ファンドに乗り換える動きがある」という。04年と比べると、愛知では貯蓄額に占める定期預金の割合が4・8ポイント減。有価証券は3・6ポイ

貯蓄に占める有価証券の割合

（大都市圏は資産形成に前向き）

順位	都道府県	保有率（%）
1	東京	22.0
2	神奈川	16.9
3	愛知	16.1
4	千葉	15.6
5	兵庫	15.1
6	大阪	15.0
7	埼玉	14.7
8	三重	14.6
9	奈良	14.2
10	徳島	14.1
	:	
	全国平均	13.8
	:	
13	岐阜	13.4
	:	
45	北海道	6.4
46	岩手	5.8
47	鹿児島	5.4

（注）2014年の2人以上世帯

（出所）総務省の全国消費実態調査より作成

貯蓄に占める金融資産（愛知の2人以上世帯、2014年）

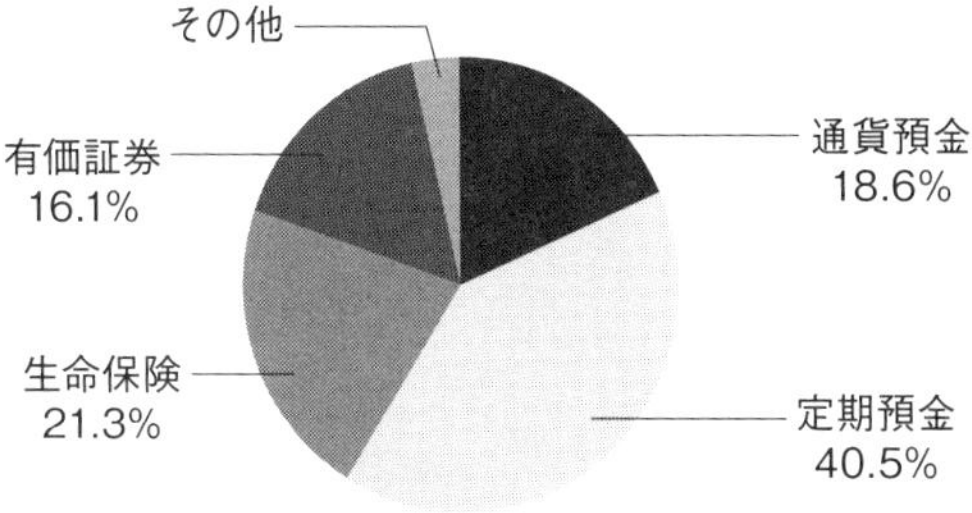

（出所）総務省の全国消費実態調査より

ント増えた。全国平均は2・9ポイント増だった。

リーマン・ショック以降、世界的な金融緩和や企業業績の回復を追い風に、日経平均株価は7000円前後から19年には一時2万4000円台まで上昇。個人の国際分散投資を後押ししてきた。

14年までの10年間で沖縄は有価証券の保有額が78万4千円と、4倍に急増した。佐賀、熊本もそれぞれ2・3倍、1・9倍になった。3県は貯蓄年収比率では下位だが、将来に備えた資産形成の意識が広がっているとみられる。

ただ、足元は中東情勢や米中摩擦をめぐる不透明感で、世界の金融相場が乱高下している。マネーは再び安全志向を強める可能性があり、身の丈にあったリスクを再確認する時期にきている。

道路面積は全国2位、インフラを支えるマイカー社会

東京と大阪、北陸への結節点となる愛知は道路網が充実している。県の面積は全国27位にもかかわらず、道路面積は2位の広さ。名古屋市を含む整備済みの道路は5万キロで3番目に長い。民間の経営ノウハウを取り入れた有料道路の運営でも先陣を切る。

愛知の中でも道路が密集しているのが名古屋市だ。市によると、面積に対する道路面積を表す「道路率」は18・3%と、横浜や神戸、福岡など全国20の政令指定都市でトップに立つ。道路率の高さは、道路幅の広さが関係する。名古屋テレビ塔などがある市中心部を南北に貫く久屋大通と、東西に走る若宮大通は幅がともに約100メートルあり、最も多いところでは片側4車線ある。「100メートル道路」は一部公園を含んでいるとはいえ、羽田空港

から東京・世田谷、練馬へ外周する大動脈、環状8号線でも幅は25～30メートル程度だ。

高速道路に目を転じると、愛知は名神高速道路と東海北陸自動車道が交わる一宮ジャンクション（JCT）、東名高速と中央道が分岐する小牧JCTと、要所に交通の結節点を持つ。三河地方では、8市1町をまたぐ国道「名豊道路」の延伸と4車線化が進み、今後も道路面積は増える。

幅が約100メートルある名古屋市の久屋大通

県内で整備された道路の長さ（実延長）は5万キロと、地球1周より長い。物流や観光を支え、災害時は物資補給の役割を担う。

名古屋市は戦時中、激しい空襲に見舞われて市中心街が焦土と化した。戦後の復興計画の中で火災の延焼防止が重要なテーマに浮上。幅の広い道路で中心市街地を分割して、大火が起きても延焼防止の効果を狙った。

愛知ならではの「マイカー社会」がインフラ整備を後押ししてきた。一般財団法人自動車検査登録情報協会によると、乗用車保有台数は全国トップ。郊外を中心に通勤、旅行に車を使うのが日常となり、一家で1台から1人1台へとマイカーが普及した。道路の整備が相乗効果をもたらしている。

道路に斬新な経営ノウハウを導入しているのも特徴だ。県道路公社は2016年から、名古屋市から中部国際空港に向かう知多半島道路など有料8路線で、コンセッションと呼ばれる運営手法を全国で初めて展開。公社が道路を所有したまま、運営を前田建設を中心とした

都道府県別の道路面積

（愛知の道路は北海道に次いで広い）

順位	都道府県	道路面積 (km^2)
1 （1）	北海道	735
2 （27）	愛知	340
3 （24）	茨城	290
4 （39）	埼玉	262
5 （28）	千葉	248
6 （5）	新潟	245
7 （29）	福岡	244
8 （4）	長野	239
9 （12）	兵庫	234
10 （3）	福島	231
	：	
14 （7）	岐阜	183
	：	
	全国平均	164
	：	
25 （25）	三重	144
	：	
45 （47）	香川	66
46 （44）	沖縄	65
47 （41）	鳥取	59

（注）順位のカッコ内は面積の順位。
道路面積は2018年10月1日時点
（出所）国土交通省の資料より作成

企業連合に任せる仕組みだ。

運営会社は一部の路線で通行料を下げた。18年度の通行台数は8路線合計で7056万台と、前の年度に比べ4・3％増えた。

一方で、道路網が充実しているがゆえの負の側面も否めない。ウインカーを出さない車線変更、信号が赤に変わる直前に交差点に突っ込む——。こうした愛知の運転マナーの悪さは「名古屋走り」といわれるようになった。交通事故による死者は18年まで16年連続で愛知が全国最多だった。

県警は18年、移動式の速度違反取り締まり装置を5台導入。細い路地や高速道路でも重点的に取り締まれるようになった。19年の死者数は前年比33人減の156人で、ワーストを脱却した。とはいえ、千葉に次いで2番目の多さで、死者数を減らす取り組みはこれからだ。

大都市圏でも広い家に住みやすい

「ゆとりある住まいに暮らせる」。愛知県が移住を誘う決めぜりふのひとつだ。愛知は2018年度の新設住宅着工のうち戸建てが48％と、2割台の東京や大阪はもちろん、全国平均（46％）も上回る。1戸あたりの床面積は広めの3LDKクラスにあたる84・34平方メートルだ。リニア中央新幹線の開業を控え、不動産需給は逼迫している。

大都市圏の中でも比較的広い家に住める愛知。東京、大阪との大きな違いは地価の安さだ。国土交通省と各都道府県のまとめた基準地価調査によると、愛知では住宅地の平均価格（19年）が1平方メートルあたり10万3500円だった。東京（37万4300円）の3割以下。神奈川（17万9500円）、大阪（15万5000円）より大幅に安い。県によると、名古屋市

新設住宅にみる愛知の住みやすさ

	着工戸数（戸）	1戸あたり床面積（m^2）	一戸建て比率（%）
愛知	6万8,801（4）	84.34（36）	48（39）
東京	14万8,342（1）	61.66（47）	24（46）
大阪	7万7,940（2）	67.09（46）	28（45）
福岡	4万1,786（7）	79.47（42）	37（44）
秋田	4,487（43）	102.97（1）	74（1）
岐阜	1万1,631（22）	101.51（4）	69（6）
三重	1万613（24）	93.43（20）	62（18）
全国	95万2,936	80.35	46

（注）カッコ内は全国順位
（出所）国土交通省の建築着工統計調査報告を基に作成

内でも宅地・建物の取引価格は東京23区に比べ面積あたり半分以下という。

比較的手が届きやすい不動産価格に加え、愛知は土地や家屋の資産価値を重視する傾向が強いとされ、マンションなどの集合住宅よりも戸建てのニーズが高い。道路網が充実しているため、多少郊外に離れても職住近接の生活がしやすいこともある。

新設住宅着工戸数は人口に準じて東京と大阪が最も多いが、1戸あたり床面積に目を向けると東京は61・66平方メートル、大阪も67・09平方メートルとともに最下位クラスだ。戸建て比率に至っては2割台にとどまる。三大都市圏にもかかわらず、半数が戸建てで、床面積も84平方メートル超

愛知県では新設住宅に占める戸建ての割合が高い

の広さを誇る愛知の住みやすさを映し出す。

愛知の住宅着工は東海道新幹線が開業する前年の1963年度に初めて4万戸を超えた。リーマン・ショック後に急減したが、ここ数年は増えている。

足元では2027年のリニア中央新幹線開業に向け、中部全域に住宅ラッシュが起きている。岐阜は戸建て比率が69％、床面積は4LDKクラスも可能な101・51平方メートルと、秋田と並んで全国トップクラス。三重の床面積も90平方メートルを超えている。

一方で、不動産需給の逼迫は地価や建築資材、人件費の高騰を招いており、愛知の住宅事情に影を落としかねない。中でも名古屋市近郊の地価は相対的にはまだ低いとはいえ、上昇ピッチが早い。基準地価調査によると、19年7月時点の住宅地価格は名古屋市の上昇率が2・1％だった。知立市（3・6％）、刈谷市（3・4％）、安城市（3・0％）、長久手市

（2・5％）で伸びが目立つ。

新設住宅1戸あたり床面積は大都市圏としては広めとはいえ、11年度に比べると15％減っている。減少率は全国平均（11％）よりきつい。一戸建て比率も同じ期間に10ポイント近く減っている。

名古屋市と距離が離れた知多地域や東三河地域との二極化も進む。19年7月時点の住宅地の地価は南知多町が前年から5・1％、東栄町で4・4％下落した。少子高齢化による人口減がさらなる地価下落を招くスパイラルの状態だ。リニア開業効果を県内全域にどう浸透させていくかも愛知の課題だ。

全国2位の救急センター数、交通事故が影

万一のけが、病気に備えた医療体制の充実度は生活のしやすさに直結する。愛知は人口10万人あたりの病院数が全国で3番目に少ない一方、高度な救急医療を提供する救命救急センターは2番目に多い。若い世代が多いため1人あたり医療費も低い。一段の少子高齢化を控え、「数より質の医療」を維持できるかが課題になる。

厚生労働省の2018年医療施設（動態）調査・病院報告によると、愛知の病院数は8番目に多い323。しかし、人口10万人あたりに換算すると4・3で最下位の神奈川、滋賀に次ぐ少なさだ。10万人あたりの病床数も全国平均（1223・1）の7割にとどまる。

医師も同様の傾向だ。厚労省によると、愛知では18年12月時点で東京、大阪、神奈川に次

ぐ1万6045人の医師が医療施設で働いている。これも人口10万人あたりだと212・9人で、全国平均（246・7人）を下回る。

一方、日本救急医学会の全国救命救急センター設置状況によると、19年4月時点で愛知県内に23カ所の救命救急センターがあり、東京（26カ所）に次いで多い。

センターは一般の医療機関で対応できない重篤な救急患者を24時間体制で受け入れる。県の面積は全国27番目にとどまるが、尾張、名古屋、知多、東三河、西三河の経済圏ごとに主

愛知は救命救急センターの整備が進む

（都道府県の医療体制）

順位	都道府県	救命救急センター数	10万人あたり病院数
1	東京	26	4.7
2	愛知	23	4.3
3	神奈川	21	3.7
4	大阪	16	5.9
5	千葉	14	4.6
6	北海道	12	10.5
7	静岡	11	4.9
8	福岡	10	9.0
	兵庫	10	6.4
10	埼玉	8	4.7
11	広島	7	8.5
	長野	7	6.2
	:		
13	岐阜	6	5.0
	:		
21	三重	4	5.2
	:		
46	山梨	1	7.3
	秋田	1	7.0

（注）病院数は2018年10月時点、愛知の救命救急センターは20年1月時点で24に増えた

（出所）厚生労働省、日本救急医学会の資料より

要なセンターを構えている。

愛知の設置数が多いのは全国屈指の車社会ならではの事情も潜む。愛知は自動車保有台数が全国で最も多い。18年まで16年連続で交通事故による死者が全国首位という不名誉に甘んじてきた。

他にセンターの設置が多い自治体をみると、東京は18年に愛知、大阪に次ぎ全国で3番目に多い3万２５９０件の事故が発生した。千葉は事故による死者数が愛知の１８９人に次ぐ１８６人、北海道も１４１人と多い。道路網の整備に伴い、自治体は救急医療体制の整備を急いできた。

愛知は全国屈指の車社会で救命救急センターも多い

交通事故だけではなく、急病人や高齢者、子どもの受け入れ体制もカギになる。国立社会保障・人口問題研究所の推計（18年公表）によると、愛知の65歳以上人口は30年に27・３％、45年に33・１％に達する。45年時点でも東京、沖縄に次いで割合は少ないが、15年比の伸び率（人数ベース）は28・

2％で5番目に高い。今の病床数には不安もある。

医療費も膨らむ可能性がある。愛知は製造業を中心に県外から若年層や家族連れの流入が相次いでいる。重篤な病気になる人が比較的少ないため、病院や病床数も他の地域より少なくて済み、これまでは医療費の抑制につながってきた。

厚生労働省の国民医療費の概況（17年度時点）によると、愛知の1人あたり国民医療費は30万6200円で全国平均（33万9900円）を大きく下回る。愛知は若い世代が多いためだ。総務省の人口推計（18年10月時点）によると、愛知の65歳以上の高齢者比率は24・9％で3番目に低い。

医療費が最もかさむ高知（44万9200円）は高齢者比率が34・8％と秋田に次ぐ高さ。医療費が最も低い千葉（29万8200円）は同比率も7番目の低水準だ。

地域の〝若さ〟で医療費を抑え、質の高い医療を提供してきた愛知。本格的な高齢化社会を前に、医療体制の見直しが求められそうだ。

喫茶店の「モーニング」、なんでそんなにおまけがつくの？

朝のコーヒー1杯に、トーストやゆで卵が無料で添えられる。中部地方の喫茶店では、満足感たっぷりのモーニングサービスが一般的だ。年間の喫茶代や店舗数は全国トップクラス。集客競争の中で「小倉トースト」など独特な商品も定着した。江戸時代から続く茶事《ちゃじ》文化を背景に、「お値打ち好き」な気風の象徴的存在になっている。

たまごサンド、ゆで卵、サラダにバナナ――。愛知県一宮市の喫茶店「絆」でコーヒー（税込み450円）を注文すると、追加料金なしで食事が付いてくる。コーヒー10杯分のチケットを3900円で買えるため、ほとんどの客が390円で充実の朝食を楽しむ。店長の永尾秀敏さん（58）は「モーニングの採算はトントンでいいよ」と笑う。午前8時の開店から席がほぼ埋まり、地元の常連客の話し声でＢＧＭが聞こえないほど。永尾さんは「愛知、特に一宮などの尾張地方の人は『お値打ち好き』だから。コーヒー代でコーヒーが出てくるのは当たり前。この値段でこんなに出てくるんだ、と喜んでもらわないと」と話す。

喫茶店「絆」のモーニングはコーヒー１杯の値段で、ホットドッグやサラダ、ゆで卵、果物がついてくる（愛知県一宮市）

コーヒー1杯の値段でトースト、ゆで卵、ピーナツなどが付いてくるのが典型例。名称は「モーニング」だが、朝食時間帯以外に提供する店も珍しくない。こうしたサービスがどこで生まれたかは諸説あり、愛知県内では一宮市と豊橋市が「発祥の地」とされている。

「少なくとも中部地方のモーニングは一宮が元祖でしょう」。一宮商工会議所の宮田京さん（58）は強調する。昭和30年代、一宮市は繊維産業で栄えた。繊維工場は織機の音が大きいことから、商談には喫茶店を使ったという。たびたび来店して喫茶店のマスターと仲良くなると、サービスで食事を付けてくれるようになった。これが商工会議所が唱える説だ。

実際、宮田さんの父親もかつて繊維工場を経営し、喫茶店で商談をしていたという。出勤前にコーヒーを飲もうと喫茶店に寄る工員にもサービスで食事が付くようになり、次第に習慣化されていったとみられる。

喫茶店好きな土地柄でもある。総務省によると、2018年の名古屋市の年間喫茶代は1万1304円で、全国の都道府県庁所在地で2位。トップは同じくモーニング文化が定着している岐阜市（1万4414円）だ。

喫茶店「絆」の小倉トースト

愛知県は人口1千人当たりの喫茶店数が約1・13軒で全国3位。全国に進出した「コメダ珈琲店」は県内だけで227店舗を数える。同県には大型店が多く、1千人当たりの喫茶店従業員数は全国最多の5・38人に上る。岐阜県もそれぞれ2位、3位に入る。

愛知県喫茶飲食生活衛生同業組合の鈴木国央副理事長（74）は、「江戸時代から続く茶事文化の影響で、愛知の人はお茶を飲んでおしゃべりするのが大好き」と歴史的な背景について語る。

19世紀初め、尾張国（現在の県西部）でお茶が流行。過熱を案じた尾張藩は1829年、「茶事の儀、近来格別に流行。若輩壮年の輩《やから》は文武修行の妨」として禁止令を出した。それでも流行はやまず、江戸末期から明治初期の名古屋城下の出来事をまとめた「青窓紀聞」は、囲碁や能と並んで茶道が盛んな様子を「尾張はまるで碁茶乱」と紹介している。

喫茶代が多い都道府県庁所在地

（2018年、2人以上の世帯）

順位	都市	金額
1	岐阜市	1万4,414円
2	名古屋市	1万1,304円
3	東京都区部	1万1,082円
4	大阪市	9,845円
5	さいたま市	9,347円

（出所）総務省家計調査より

喫茶店のサービス競争は激しく、トーストに何を塗るのか客の好みで選べる店も多い。ジャムや卵ペーストに加え、バターを塗り、あんこを載せた「小倉トースト」も定番だ。鈴木さんによると、大正時代、名古屋市の大須にあった喫茶店「満つ葉」で学生がトーストにぜんざいのあんを絡めて食べたのが始まりだという。バターの塩気とあんの甘さの組み合わせを楽しむファンは多い。

お値打ちなサービスの内容だけでなく、レトロ調やカフェ風など店構えや雰囲気もさまざま。自身も名古屋で喫茶店を営む鈴木さんは「モーニングはおもてなしの心の表れ。自分に合う店がきっと見つかりますよ」と来店を呼びかけている。

吹き抜ける風が「寒すぎる冬、暑すぎる夏」を運ぶ

「東京より寒い」「夏が暑すぎる」。名古屋を訪れた人は口をそろえる。大都市の中でも顕著な夏冬の気候を特徴づけるのが、濃尾平野を吹き抜ける「風」だ。若狭湾から伊勢湾に至る本州の狭い部分は、日本列島の風の通り道。冬は「伊吹おろし」が寒さをもたらし、夏はフェーン現象の昇温が街を襲う。

「冬の名古屋は風が冷たい」。1月の朝、東京から転勤して1年になる30代の女性は厚手のコートで背中を丸める。この冬は平年より暖かい日が多いが、出張で頻繁に名古屋を訪れるという東京都品川区の男性会社員（48）は「東京より寒いイメージがある」と語る。

「伊吹おろしの雪消えて　木曽の流に囁《ささや》けば」――。旧制第八高等学校から名古屋大学に歌

い継がれている「寮歌」は「伊吹おろし」の歌詞から始まる。

伊吹おろしとは、岐阜県と滋賀県にまたがる伊吹山の方角から濃尾平野に吹き下ろす北西の風だ。平安後期の歌人、西行の「山家集」に登場するほか、地元の小中学校の校歌でもよく使われる。

強風の中、街を歩く人たち
(2019年12月、名古屋市中村区)

名古屋の1月の平均気温は4・5度で、緯度が高い東京(5・2度)よりも低い。12月と2月も名古屋が0・5〜0・6度下回る。冬の平均風速は海沿いの横浜などには劣るが、東京や大阪と比べるとやや強い。

冬の寒さについて、名古屋地方気象台の高木学気象情報官は「名古屋はシベリア高気圧から吹き出す寒気が入り込みやすい」と解説する。若狭湾から伊勢湾に至るルートは弓形の列島の中央にあたり、日本海側から太平洋側までの距離が最も狭くなる部分であり、「濃尾平野が冷たい空気の通り道になっている」。

さらに、繁華街ではいわゆる「ビル風」が起こる。建物の角で風の強さが増すことで体感

北西から流れ込む寒気が、冷たい
「伊吹おろし」となって濃尾平野に吹く

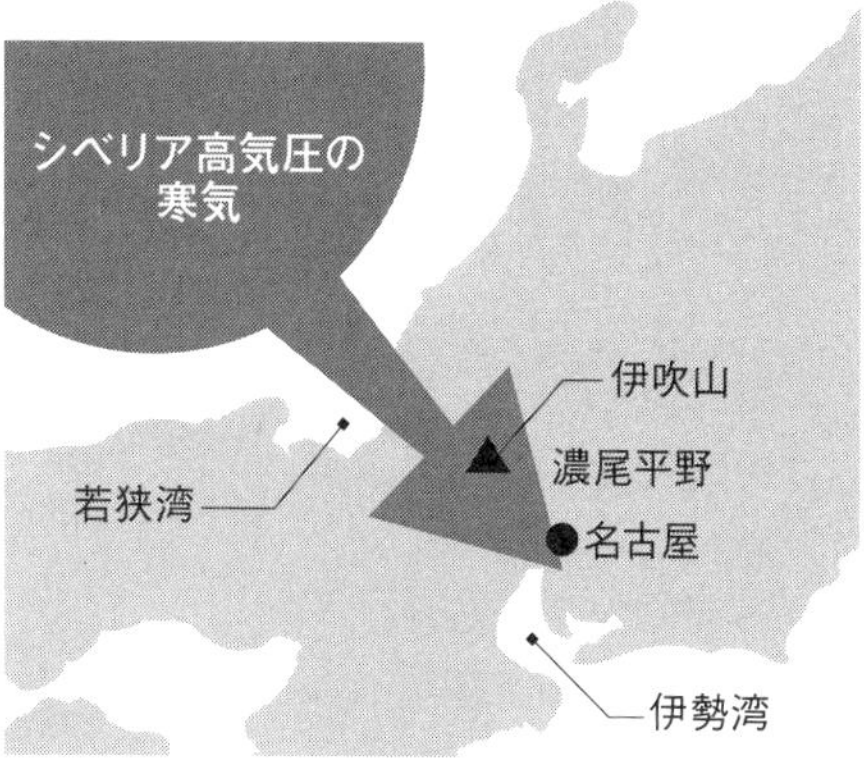

温度が下がるため、「気温の数字以上に寒く感じる」と指摘する専門家も多い。

ただ、昔ほど伊吹おろしが吹かなくなったとも言われる。名古屋の気候を長年研究する愛知教育大学の大和田道雄名誉教授によると、1970年代まではひと冬に25日前後吹いたが、80年からは10日前後に急減した。大和田さんは、気候変動の影響で偏西風が北寄りに流れ、低気圧が三陸沖に抜ける典型的な「西高東低」の気圧配置が減ったことが原因とみている。

一方、夏は厳しい暑さで知られる。1955年発行の「大正昭和名古屋市史」は「夏季は高温の上に蒸し暑く、惰眠を催させ

最高気温37度以上の日数

（1990〜2019年）

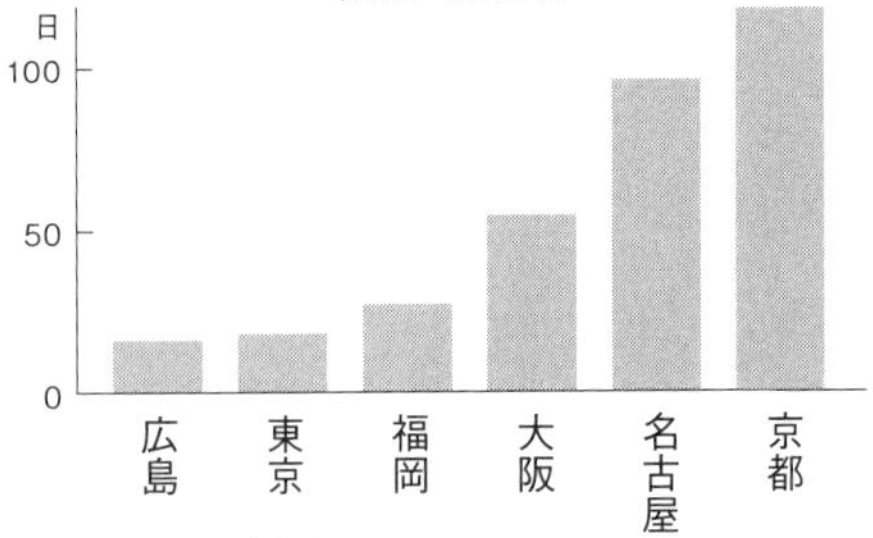

（出所）気象庁統計より

る」と高温多湿の気候を紹介している。

名古屋で最高気温が37度以上を記録した日数は、２０１９年までの30年間で96日に上る。観測点のある人口１００万超の都市では、盆地で暑さが際立つ京都（１１８日）に次ぐ日数で、大阪（54日）や東京（18日）より際だって多い。

異常な高温を生む要因の１つが、上空で重なり合う２つの高気圧だ。近年は気候変動によって大陸のチベット高気圧の張り出しが強い。このため、背の高いチベット高気圧が太平洋高気圧に覆いかぶさり、東海地方の上空で「重ね布団」のようになる。

山越えの気流が昇温して吹き下ろすフェーン現象の作用も大きい。盛夏には「鯨の尾型」と呼ばれる特有の気圧配置で北西の風が吹きやすくなり、濃尾平野に熱風が

2018年8月3日、観測史上初めて名古屋市で気温が40度を超えた（中区）

流れ込むからだ。18年8月3日、名古屋で統計開始以来初めて40度を超えたときもこの気圧配置で、風は北西寄りだった。

ちなみに、気象台があるのは千種区の小高い丘の住宅街。大和田さんは「栄などの繁華街は高台にある気象台よりも数度高いはずだ」と話す。河村たかし市長は18年夏の記者会見で「ええか悪いか知りませんけど、（最高気温の）数字がちょっと低い。危ないから気をつけてほしい」と熱中症への注意を求めた。

厳しさを増す夏の暑さ。名古屋の街では数字以上の高温に気をつける必要があるかもしれない。

【執筆】
小野沢健一
茂木祐輔
藤井将太
嶋崎雄太
阿部晃太朗
細田琢朗

【写真】
上間孝司

【編集】
清水崇史
平野慎太郎

日経プレミアシリーズ
427

名《な》古《ご》屋《や》のトリセツ

二〇二〇年三月九日　一刷

編者　日本経済新聞社
発行者　金子　豊
発行所　日本経済新聞出版社
https://www.nikkeibook.com/
東京都千代田区大手町一―三―七　〒一〇〇―八〇六六
装幀　ベターデイズ
組版　オフィスアリーナ
印刷・製本　凸版印刷株式会社

ISBN 978-4-532-26427-7　Printed in Japan

日経プレミアシリーズ417

中国人は見ている。

中島 恵

日本人の「あたりまえ」が、中国人にはこれほど異様に映る！ 飲み会で豹変する上司にいら立ち、会議後の同僚の「ある行為」に感心。大阪に親しみを覚え、寿司店の「まかない」に衝撃を受ける――。日本を訪れた中国人は、この国の何に戸惑い、何に感動するのか。日中の異文化ギャップを多くのエピソードから探る。

日経プレミアシリーズ420

お殿様の人事異動

安藤優一郎

お国替えという名の大名の異動が繰り返された江戸時代。御家騒動や世継断絶から、職務怠慢、色恋沙汰や酒席の狼藉まで、その理由は多岐にわたる。大名や家臣たちはその都度、多大な苦労を強いられ、費用負担などもただならぬものがあった。将軍が大名に行使した国替えという人事権、幕府要職者にまつわる人事異動の泣き笑いを通して読み解く歴史ノンフィクション。

日経プレミアシリーズ412

伸びる子どもは○○がすごい

榎本博明

我慢することができない、すぐ感情的になる、優先順位が決められない、主張だけは強い……。今の新人に抱く違和感。そのルーツは子ども時代の過ごし方にあった。いま注目される「非認知能力」を取り上げ、想像力の豊かな心の折れない子を育てるためのヒントを示す一冊。